人民调解工作法律实务丛书

人民调解案例解析与法律指引

《人民调解工作法律实务丛书》编写组 / 编

Analysis of People's Mediation Cases and Legal Guidelines

中国法制出版社
CHINA LEGAL PUBLISHING HOUSE

前　言

人民调解制度是一项具有中国特色和中国传统的化解矛盾、消除纷争的民间纠纷解决方式，因其便捷、高效等特点，历来被国际社会誉为化解社会矛盾的“东方经验”。与诉讼制度相比较，人民调解制度具有“低成本、高效率、后遗症小”的优势，面对矛盾、纠纷、侵权、维权等，越来越多的人愿意尝试“人民调解”这一解决纠纷的方式。因为，对于百姓而言，与其“费时、费力、费钱”地“对簿公堂”，人民调解“省时、省力、省钱”，可以说，人民调解工作可以就地化解矛盾，极大地避免纠纷给社会稳定所带来的安全隐患，有利于促进社会和谐。

基层人民调解员每年要调解大量的矛盾纠纷，但身处社会转型期，很多从事调解工作多年的“老调解员”对近年来社会纠纷的变化有明显感受，那就是随着纠纷主体的扩大、纠纷类型的增多，调解纠纷的难度明显加大。

在长期的人民调解工作中，一些老一辈的人民调解员通过大量的实践，为我们积累了宝贵的调解经验。他们说，要做好人民调解工作，人民调解员起码要具备三个要素：公正、友善、耐心。公正，即断案公平公正，不偏不倚，合情合理；友善，即跟当事人做朋友、交心，为当事人着想，真心实意地去化解矛盾；耐心，即不厌其烦、千方百计地去做群众工作。只有满足了这三个基本要素，人民调解工作才能做好。

因此，为解决调解工作实际操作中的难题，为调解员增添调解经验，解析调解方法，我们特别组织资深人民调解员和法律专家编写了《人民调解案例解析与法律指引》一书。

书中按照一般矛盾纠纷、行业和专业领域矛盾纠纷，共列举了婚姻家庭纠纷、邻里纠纷、房屋宅基地纠纷、合同纠纷、生产经营纠纷、损害赔偿纠纷、山林土地纠纷、征地拆迁纠纷以及医疗纠纷、道路交通事故纠纷、劳动纠纷、物业纠纷、环境污染纠纷、消费纠纷、旅游纠纷、互联网纠纷、金融纠纷、保险纠纷、知识产权纠纷等共58个调解案例，每则案例包括案情简介、调解过程、调解结果、案例点评四个部分，在专业人员的指导下进行了精心的撰写，可为人民调解员提供调解经验、分析调解思路，并从多角度、全方位指导调解员运用法律法规解决矛盾纠纷。同时，本书还可作为人民调解员案例填报参考用书，帮助调解员把复杂的调解过程用专业的术语、精准的笔墨勾画出来，规范化填写、归档案件，解决调解员案例报表填报“下笔难”的问题。

本书具有以下特色：

规范性与实用性。书中的每个案例，均以《人民调解法》规定的调解程序和方式，从受理、调解前准备、调解、回访到督促履行，完整呈现整个调解过程，不仅逻辑清晰地记录案件的发生、发展经过和结局，而且全面、系统地展示了人民调解工作的内容和方式方法，使调解员能够结合具体案情深入理解调解的流程、步骤以及调解中的策略与技巧，具有很强的规范性与实用性。

专业性与严谨性。在案例编写的过程当中，为了更好地记录调解过程与提炼调解经验，我们聘请资深的调解人员做了经验分享，并结合专业律师的研判，对调解案件引用的法律条文进行了分析，力求深入浅出、浅显易懂，对每个案例的分析也从人情道义到法律法规，做到了有理有据、有法有情，不仅具有专业性，也具有严谨性。

调解工作关乎百姓权益，关乎社会和谐与稳定。在此，我们衷心感谢各位新老调解员的辛勤付出。衷心希望您通过对本书的学习与参考，掌握调解方法，学习法律知识，规范制作调解文书，提升调解智慧，提高调解成功率。

最后，也诚挚邀请各位人民调解员朋友，用你们基层工作的宝贵经验和智慧来丰富本书、指正本书！

目　录

第一章　一般矛盾纠纷

第二章　行业和专业领域矛盾纠纷

第三章　其他纠纷（金融、保险、知识产权）

第四章　各类纠纷调解常用法律文件清单

附录：

1

CHAPTER

第一章

一般矛盾纠纷

一、婚姻家庭纠纷

案例1　赵某与秦某婚姻家庭纠纷调解案[①]

案情简介

赵某与前夫张某育有两个孩子，大儿子张某甲与二儿子张某乙。退休后，赵某与张某在年轻时积累的矛盾逐渐凸显，两人感情趋于破裂。虽然两个儿子都表示强烈反对，但赵某还是与张某办理了离婚手续。

过了几年，赵某在老年人活动中心结识了丧妻的秦某。两人一见如故，经常结伴参加老年人活动。时间一长，赵某考虑到自己年龄大了，两个儿子都已经成家立业，需要有人互相陪伴，便有了与秦某成立家庭的意思，而秦某也正有此意。两人商量好结婚的事情后，赵某便将这件事告诉了自己的两个儿子，没想到遭到儿子的强烈反对。赵某名下有一套房屋，两个儿子认为如果她再婚，这套房屋未来将会被外人分走。为了能够和秦某结婚，赵某答应将房屋交给儿子看管，自己则在婚后到秦某的家中居住。

秦某的再婚决定同样也遭到了女儿秦某某的反对，她甚至表示，如果秦某与赵某再婚，她将与秦某断绝联系，不再为秦某养老。秦某认为女儿只是嘴硬心软，依然坚持与赵某结了婚。

结婚几年后，秦某因中风而瘫痪在床。因当初与子女关系僵

---

① 本书中的案例均为改编案例，由作者归纳整理，仅供读者参考。

化，无论是赵某的儿子还是秦某的女儿，都不愿意为二老提供帮助，照顾秦某的责任全落到了赵某一人的头上。两人的退休金都不多，很快就无法支撑正常的生活开销。赵某无法继续忍受当前的生活，遂向秦某提出离婚。但秦某认为两人的相处没有问题，所有的问题是外力导致的，不同意离婚，遂委托居委会向当地人民调解委员会（以下简称调委会）申请了调解。

调解过程

调委会接到调解申请后，立即安排调解员展开了调解工作。考虑到赵某与秦某老两口年纪大了，且秦某瘫痪在床，调解员决定实地走访，亲自来到二老所居住的小区。对二老的居住环境进行初步了解后，调解员发现，该小区位置较为偏远，且建成年份久远，设施较为落后。居民楼内未设置电梯，二老居住在五楼，上楼下楼极为不便。而这些外在因素无疑也对赵某单独照顾秦某造成了困难。

与两位老人见面后，调解员耐心倾听了赵某对生活的不满，并引导她诉说了自己一个人照顾老伴的艰辛。同时，调解员还对双方的谈话过程全程进行了录音录像，以备后续调解工作中使用。经过与二老的对话，调解员了解到，赵某与秦某之间的感情并没有太大问题，有和好的可能。当前解决问题的关键，是要缓和两位老人与各自子女的矛盾，从而减轻赵某照顾秦某的压力。

于是，调解员分别联系到赵某的儿子张某甲、张某乙与秦某的女儿秦某某。起初，三人的态度都比较抗拒，表示不愿意插手父母的事情，认为二老这么大年纪了再婚又闹离婚很丢人。调解员动之以情、晓之以理，指出《民法典》第一千零六十九条规定：“子女应当尊重父母的婚姻权利，不得干涉父母离婚、再婚以及婚后的生活。子女对父母的赡养义务，不因父母的婚姻关系变化而终止。”调解员向三人表明，赡养父母是子女的法定义务，不能随意拒绝履行，否则赵某与秦某有权要求他们支付赡养费。在调解员的劝说下，张某甲等三人同意接受调解。

调解员将调解地点约在赵某与秦某的家中。起初，张某甲与张某乙情绪还比较激动，与老人相互指责。但见到老人家中陈设简单、生活清贫，子女们也不禁有所触动。调解员随即向三人播放了赵某与秦某述说生活艰苦的录像，使三名子女了解到老人生活的不易。见子女们均有所触动，调解员遂引导两位老人与子女们进行沟通，帮助双方化解心结。在调解员的周旋下，子女们理解了老人们的苦衷，表示愿意退让，与老人们达成和解。而赵某与秦某之间的矛盾也因此消失，赵某不再要求离婚，两人决定继续维持婚姻关系。

调解结果

各方当事人达成调解协议，内容如下：

1. 赵某与秦某感情尚未破裂，继续维持婚姻关系；

2. 张某甲与张某乙将赵某名下房屋腾空，将该房屋交给赵某与秦某居住；

3. 赵某与秦某互相放弃对对方婚前财产的继承权，两人名下的房屋由各自的儿女继承；

4. 张某甲、张某乙、秦某某分别承担对其各自父母的赡养义务，定期对父母进行探望，关心父母身心健康，且不得干涉赵某与秦某正常的婚姻生活。

案例点评

本案表面上为赵某与秦某的婚姻纠纷，实质上是双方与子女之间的矛盾。调解员抓住了解决问题的关键，通过法治教育与道德教育相结合的方法，通过唤起父母子女之间的亲情软化了张某甲、张某乙及秦某某的态度，从而使调解过程更为顺利。作为调解员，在对纠纷进行调解时，不能仅将重点放在浅层问题上，而是应当抓住实质上的矛盾，这样才能从根本上帮助当事人化干戈为玉帛。

案例 2　唐某某与宋某某、张某甲、张某乙婚姻家庭纠纷调解案

案情简介

唐某某（女，现年 79 岁）系某省某市某区某街道的居民。1981 年，在朋友的介绍下，唐某某携宋某某（唐某某与亡夫的儿子）改嫁给张某某。当时，宋某某 15 岁，张某甲（张某某与亡妻的儿子）18 岁。由于张某甲已经成年并能够养活自己，张某某将唐某某娶进家门后便与张某甲分了家。几年后，张某某与唐某某的女儿张某乙出生。2010 年，张某乙随丈夫移民国外。

2015 年，张某某因病去世，后唐某某一直生活在宋某某家，张某甲偶尔前去探望。2019 年 11 月，唐某某在打扫卫生时不慎摔伤，治疗后也只能借助轮椅行动，不能独立生活。事故发生后，宋某某联系张某甲和张某乙，希望他们可以分担一些赡养母亲的责任，张某乙同意每月支付 800 元生活费，张某甲却以自己只是继子为由拒绝。2022 年春节时，宋某某再次向张某甲、张某乙提出共同赡养老人的请求，但三方并没有商量出各自都满意的方案，不得已作罢。

2023 年 3 月底，宋某某的妻子患癌，家里开销剧增，自己也无暇照顾唐某某，遂希望将唐某某送到张某甲家生活一段时间，但遭到张某甲拒绝。同时，张某乙也表示自己的工作出了问题，无力承担赡养母亲的费用。唐某某见宋某某辛苦，自己到所住街道居民委

员会寻求帮助，希望张某甲和张某乙依法履行赡养义务。2023 年 7 月 25 日，唐某某在街道工作人员的帮助下向某市某区某街道人民调解委员会（以下简称调委会）提出调解申请。

调解过程

调委会收到唐某某的调解申请后，立即指定两名调解员开展调解工作。了解事情原委后，调解员立即联系了宋某某、张某甲和张某乙，经过沟通，各方均表示愿意接受调解，调解员依程序受理该案。

次日，调解员通过实地走访进一步了解了案件事实。经过对案情的梳理分析，调解员将该纠纷认定为婚姻家庭纠纷中较为常见的赡养纠纷。考虑到张某乙身在国外无法马上赶回国的特殊情况，调解员决定通过视频连线的方式开展调解。

2023 年 7 月 29 日，唐某某、宋某某、张某甲（张某乙通过视频连线远程参与）前往调委会参加调解。在调解室，大家分别陈述了自己的意见。倾听各方意见后，调解员总结了该纠纷的争议焦点主要在于张某甲是否具有赡养老人的义务和张某乙应当支付多少赡养费。

对于争议焦点一，调解员向各当事人宣读了《民法典》第一千零六十七条第二款和第一千零七十二条第二款的规定："成年子女不履行赡养义务的，缺乏劳动能力或者生活困难的父母，有要求成年子女给付赡养费的权利。""继父或者继母和受其抚养教育的继子女间的权利义务关系，适用本法关于父母子女关系的规定。"根据前述规定，未形成抚养教育关系的继子女没有赡养继父母的法定义务。根据调委会查明的事实，唐某某嫁到张家后便与张某甲分了家，双方系未形成抚养教育关系的继母子关系，张某甲不是唐某某的法定扶养义务人，依法没有赡养义务。

对于争议焦点二，由于现行法尚未明确赡养费的计算标准，根据司法实践，赡养费的数额往往根据被赡养人的实际需要和赡养义务人的实际负担能力确定。经过协商，张某乙同意将赡养费增加至每月 1200 元。

调解员指出，赡养老人是每个子女应尽的法定义务，除给予经济支持外，还应当给予生活上、精神上的照顾。唐某某年事已高，行动不便且缺乏经济来源，作为子女，宋某某和张某乙应该多加陪伴，悉心照料。

此外，调解员还建议张某乙等人站在母亲和大哥的位置上考虑问题，体会对方的难处。最后，调解员从情理出发，指出虽然张某甲不是唐某某的孩子，没有法定的赡养义务，但多年相处下来总有情义产生，张某甲也可在尚有余力时尽些绵薄之力。

调解员通过动之以情、晓之以理的方式使张某甲和张某乙重新审视了自己的作为，当着调解员的面，他们向唐某某表示了歉意。最后，各方再次就赡养老人的事情进行确认并达成了一致意见。

调解结果

唐某某、宋某某、张某甲、张某乙达成如下调解协议：

1. 被赡养人唐某某由宋某某照料，张某乙每月支付赡养费 1200 元；

2. 张某甲每年至少探望唐某某一次，张某乙每年至少探望唐某某两次；

3. 如唐某某患病，除依法报销的费用外，由宋某某和张某乙平均分摊。

案例点评

本案的难点在于确定张某甲是不是唐某某的法定扶养义务人，使其他当事人接受该事实并依法履行赡养义务。对此，调解员通过摆事实、讲情理、说法理的方式阐释了未形成抚养教育关系的继子女没有赡养继父母的法定义务的法律规定。此外，调解员建议当事人换位思考、设身处地为对方着想，进一步消解了各方当事人的争议。调解过程中，调解员灵活运用调解方法，以当事人之间的主要矛盾为突破口，逐个攻破，并结合情理和法理劝解当事人，完美解决争议，最大限度保障了老年人的合法权益。

案例3　高某甲与黄某、徐某等婚姻家庭纠纷调解案

案情简介

1996年，徐某的丈夫意外去世，留下徐某和刚出生的女儿徐小某两人相依为命。为了给女儿更好的生活环境，徐某带着女儿搬回了位于某省某市某县某村的娘家。1998年4月，徐某经人介绍与高某乙相识相知，二人情投意合，于1998年年底结为夫妻。结婚后，高某乙和其母亲黄某对徐小某非常关照，一家四口生活融洽，其乐融融。2002年，高某乙进城做生意挣了钱，在城里买了套房子，全家便搬去了城里生活。2004年，高某乙与徐某的儿子出生，取名高小某。之后，高某乙的生意越做越大，置办了不少产业。

2022年，高某乙在工作途中遭遇车祸成了植物人。为了让儿媳妇安心照顾病人，黄某提出自己搬去大儿子家居住，也让他们尽一尽赡养老人的义务。后徐某将黄某送去高某乙的哥哥高某甲家，并给了他们5万元钱，希望他们好好照顾老人。2023年4月，高某乙离世。之后，徐某和徐小某、高小某共同办理了丧葬事宜。因徐某尚沉浸在悲痛中，无暇处理遗产分割事宜，加之高某乙也没有留下

遗嘱，与黄某商量后，便暂时没有处理遗产。

徐小某担心母亲日日睹物思人，便提议一起回老家休养一段时间，顺便将黄某接回家照顾。高某甲听闻此消息后，坚决不同意让黄某和徐某生活，并指责徐某是想借机侵占遗产，还说自己作为高某乙的亲兄弟，也应当有权分得高某乙的遗产，徐某不能独吞。双方因此事吵得不可开交，邻居请了村委会主任到场协调。经过劝解，各当事人均表示愿意接受调解，并向某县某镇某村人民调解委员会（以下简称调委会）提出申请。

调解过程

调委会指定两名调解员开展调解工作。接到调解任务后，调解员通过访谈、实地调查的方式对案件事实进行查证。

2023 年 8 月 30 日，黄某、徐某、徐小某、高小某、高某甲等人到了村里的调解室参加调解。在调解过程中，调解员再次向当事人了解了纠纷的具体情况。其间，徐某向调委会出示了户口本、结婚证等证件，证明了自己与高某乙的夫妻关系；高某甲拿出了 1994 年高家的分家文书和家谱，证明自己与高某乙系亲兄弟。

调解开始后，调解员先让黄某、徐某、徐小某、高小某、高某甲分别陈述了自己的想法。之后，调解员再次查证案件事实，确认高某乙生前未留下任何遗嘱。经过归纳总结，调解员认定的争议焦点有二：一是高某甲作为高某乙的哥哥，是否有权依法继承高某乙的遗产；二是黄某随谁共同生活。

针对争议焦点一，调解员向当事人宣读并解释了我国《民法典》关于法定继承的规定。该法第一千一百二十七条规定："遗产按照下列顺序继承：（一）第一顺序：配偶、子女、父母；（二）第二顺序：兄弟姐妹、祖父母、外祖父母。继承开始后，由第一顺序继承人继承，第二顺序继承人不继承；没有第一顺序继承人继承的，由第二顺序继承人继承。本编所称子女，包括婚生子女、非婚生子女、养子女和有扶养关系的继子女。本编所称父母，包括生父母、养父母和有扶养关系的继父母。本编所称兄弟姐妹，包括同父母的兄弟姐妹、同父异母或者同母异父的兄弟姐妹、养兄弟姐妹、有扶养关系的继兄弟姐妹。"根据该规定，法定继承应该按照严格的继承顺序进行，只有被继承人没有父母、配偶或子女可继承其遗产的，被继承人的兄弟姐妹、祖父母、外祖父母等人才能继承遗产。本案中，被继承人高某乙的母亲、配偶、子女均健在且没有丧失继承权，故其留下的遗产应由他们继承，高某甲作为第二顺位继承人，依法不能继承遗产。

针对争议焦点二，调解过程中，黄某表示自己愿意与二儿媳徐某共同生活，徐某、高某甲也表示同意，徐某还提出不需要高某甲支付赡养费。基于尊重当事人意愿原则，调解员未多加干涉，但特别强调了我国《老年人权益保障法》第十八条的规定，告诉与老人分开居住的高某甲，也应当经常看望、照顾老人。

除向各当事人解读法律条文外，调解员又向高某甲解释了继承制度的重要目的之一便在于使被继承人的遗产依法顺利地流转给下一代，实现财产的传承。同时，调解员还通过列举案例的方式使当事人更进一步认识了我国的法定继承制度，强调了顺位继承的重要性，消解了高某甲对继承法律的错误认识。

调解结果

各当事人于调解室当场达成调解协议：

1. 被继承人高某乙的遗产由继承人黄某、徐某、徐小某、高小某协商处理，高某甲不得干涉；

2. 黄某与徐某共同生活，高某甲应至少每个月探望两次。黄某与徐某在调解过程中所作的意思表示，不免除高某甲的赡养义务。

案例点评

本案的调解难度在于做通高某甲的思想工作，使其正确认识我国《民法典》关于法定继承顺序的规定。只要高某甲清楚认识到了自己的权利义务，后面的问题就迎刃而解。面对高某甲的强硬态度，调解员采取了“软硬结合”的调解方法，在一开始便向当事人宣读并解释了《民法典》关于法定继承的相关规定，借助法律的“硬”解决了案件的主要矛盾，然后又向当事人阐释了继承制度的目的，辅之以案例说明，情理结合，“软硬”兼施，消除了高某甲的错误观点。

关于赡养老人的问题，调解员设身处地为当事人着想，最大限度尊重了当事人的意思自治，使老人得以自由选择共同生活的对象。同时，调解员还适时提醒了其他法定赡养义务人应履行的赡养义务，有效平衡了当事人之间的利益，维护了老年人的合法权益。

案例4　孙某与霍某婚姻家庭纠纷调解案

案情简介

2018年10月，已经交往6个多月的孙某（男）和霍某（女）在两人的家乡某省某市某县某镇登记结婚。刚开始，二人你侬我侬，夫妻感情还不错。可时间一长，霍某发现孙某的脾气并不像结婚前那样温和，经常在外酗酒，喝完酒动辄对她拳打脚踢，而孙某对霍某的诸多行为也开始不满，积怨渐深。

2022年2月，由于矛盾频发，两人最终决定协议离婚。在协议离婚期间，双方对部分财产分割事项未能达成一致意见。霍某提出，首先，孙某银行卡中有 50 万元存款，其作为夫妻一方理应分得一半；其次，其在结婚之后勤勤恳恳照顾家庭，侍奉公婆，没有功劳也有苦劳，况且其在离婚之后短时间内没有经济收入，要求孙某支付给她一些经济补偿金；最后，霍某觉得 3 年来，孙某多次在酒后打骂折磨她，对她造成了极大的精神痛苦，要求孙某向其支付精神损害赔偿 20 万元。

孙某认为，自己银行卡中的存款大部分是自己在结婚之前创业所得的积蓄，与霍某无关，不可能同意让她分走一半。而对于霍某提出的经济补偿金，孙某认为，婚后都是他一个人在外辛苦工作赚钱养家，霍某只会在家做做家务，对家庭的贡献微薄，没有理由要求他支付经济补偿金。而对于霍某所要求的精神损害赔偿金，孙某觉得自己没有做任何对不起她的事，即使跟她动过手，但都是霍某有错在先，自己下手也不重，属于夫妻间正常的争吵。双方就这些事多次进行协商，都没有达成一致意见，又拖了将近一年时间。

两人总是争吵打闹，但一直没有办成离婚手续。他们屡次争吵不休，严重影响了周围住户的休息和生活。邻居们多次向小区居委会投诉，但居委会协调了几次，都没有任何结果。2023 年 2 月 16 日，该小区居委会主任受小区居民的委托，找到了某县某镇人民调解委员会（以下简称调委会），请求调委会出面将此矛盾平息，以早日恢复小区居民的宁静生活。

调解过程

调委会接到该小区住户们的申请后，对此案高度重视，通过小区居民得到了霍某和孙某的联系方式并立即征询了双方是否同意对他们之间的婚姻纠纷进行调解，二人均表示同意。鉴于双方当事人自愿接受调解，调委会受理了该案。

调委会根据实际情况做了调解前的准备，派出对办理婚姻家庭纠纷案件经验丰富的人民调解员刘某等调解员走访了霍某和孙某所在的小区及孙某家中，调查核实相关情况，并提前制订了调解方案。

2月20日上午，孙某和霍某来到调委会接受调解。调解员首先告知了当事人关于人民调解的原则和程序，提醒当事人应当遵守调解纪律和其他需要注意的问题。随后，当事人开始分别陈述自己的意见。霍某指出，她辛苦操持家务，照顾公婆，与孙某同甘共苦3年，既然两人是夫妻，那么家中所有的财产理应有其一半，孙某银行卡中50万元的存款，应当分给她25万元，并且在此基础之上孙某还应额外给她一笔经济补偿金。霍某还说，她数次遭到孙某酒后毒打，在这段婚姻中受到创伤，要求孙某赔偿其精神损害赔偿金20万元。

孙某听后拍案而起，强烈指责霍某对自己的污蔑，称其确实跟霍某动过手，但是下手不重，纯属于夫妻之间正常的争吵。他情绪激动地表示如果霍某继续这样不讲实情、欺骗调解员，将一分钱都不会给霍某。霍某闻言大哭大闹起来，双方矛盾越发尖锐。

针对这一情况，调解员及时将二人隔离并进行了单独的心理疏导，但这并没有使当事人的情绪冷静下来。于是，调委会通知了孙某和霍某所在小区的居委会，并通过居委会主任联系到了两人共同的好友冯某某来到调解现场进行规劝，当事人终于能够坐下来理性地谈论问题。

经过冯某某的劝解，两人还是没能商量出一个统一的意见。调解员看到情理上的劝说对该案的调解效果有限，决定拿出法律震慑当事人，彻底厘清当事人之间的权利义务关系。调解员向二人解读了我国《民法典》第一千零六十三条的规定："下列财产为夫妻一方的个人财产：（一）一方的婚前财产；（二）一方因受到人身损害获得的赔偿或者补偿；（三）遗嘱或者赠与合同中确定只归一方的财产；（四）一方专用的生活用品；（五）其他应当归一方的财产。”调解员接着释明，根据调委会的核实，孙某的 50 万元存款中有 382000 元是孙某的个人婚前财产，依法不属于夫妻共同财产，霍某对此无权分配，但是剩余的 118000 元为婚后所得，依法属于夫妻共同财产，应当分给霍某一半。

此外，霍某虽然没有工作，但是妇女的家务劳动属于有价值的家庭贡献，任何人不能歧视家务劳动的价值。《民法典》第一千零八十八条规定：“夫妻一方因抚育子女、照料老年人、协助另一方工作等负担较多义务的，离婚时有权向另一方请求补偿，另一方应当给予补偿。具体办法由双方协议；协议不成的，由人民法院判决。”同时，对于离婚时生活困难的情况，《民法典》第一千零九十条规定：“离婚时，如果一方生活困难，有负担能力的另一方应当给予适当帮助。具体办法由双方协议；协议不成的，由人民法院判决。”可见，孙某应当给霍某适当的补偿金。

最后，关于精神损害赔偿金，通过调委会的走访调查，孙某毒打霍某之事并没有得到证实，霍某也拿不出相应的证据，因此，调委会建议霍某撤回赔偿要求。

听完了调解员透彻的分析和耐心的讲解，孙某和霍某渐渐冷静下来，霍某首先表示自己愿意按照法律分配财产，并放弃索要精神损害赔偿金，孙某听后也当场表示愿意支付霍某 8 万元经济补偿金。

调解结果

孙某与霍某于调解当场达成调解协议：

1. 孙某将银行存款中的 59000 元分给霍某，3 日内支付完毕；
2. 孙某额外支付霍某经济补偿金 8 万元，7 日内支付完毕。

经回访，孙某已履行完毕协议内容，双方对调解结果表示满意。

案例点评

本案属于婚姻家庭纠纷调解案件，涉及夫妻财产的分割，调解实践当中类似案件时有发生，且一般调解难度较高。在本案中，调解员通过调查走访，事先做足了功课并制定了调解方案，当发生当事人矛盾激化的情况时，又适时地对当事人分别进行了心理疏导，并通知双方当事人的共同好友来到现场，正确运用了动员多种力量协调解决的方法，及时稳定了双方当事人的情绪，使调解得以顺利进行。

当发现心理疏导和情理分析不奏效时，调解员又及时为当事人释明了相关法律，不但使霍某明白了哪些要求是不合理的，也使孙某明确了哪些义务是必须承担的，最终使矛盾得以彻底化解。

案例5 赵某与张某婚姻家庭纠纷调解案

案情简介

赵某与张某都是某省某市某区人，双方经人介绍后结婚，至今已经有将近10年。婚后，两人育有一子一女，大儿子聪聪今年6岁，小女儿月月4岁。婚后的前几年两人感情很好，生活还算美满，但是自2014年起，赵某开始外出务工，每到年底才回家一次，张某待业在家，独自照顾孩子。由于长时间两地分居，两人的感情也逐渐淡了下来。

2022年1月底，赵某回到家陪家人过春节，却感觉张某对自己忽冷忽热。某天，他在翻看张某手机时，无意间看到一些暧昧短信，赵某随即质问张某到底怎么回事，一开始张某支支吾吾地想要蒙混过去，后来在赵某的一再追问下，她终于向赵某交代了自己对婚姻不忠诚的实情。赵某一气之下离家出走，之后再没回过家，也没再给家里打过生活费。

张某靠自己父母的接济，勉强跟子女维持了一年多的生活，从2023年下半年开始，再也无力支撑家中的开支。通过多方打听，她找到赵某现在的住处，要求赵某支付生活费用，赵某拒不理睬。张某表示，就算不给自己生活费，作为孩子的父亲无论如何也不能置孩子于不顾。赵某一听，说两个孩子是不是他亲生的还不一定呢，他不想给别人养孩子。张某百般辩解，赵某就是不肯松口，仍旧拒绝向张某和孩子们支付生活费。后来，张某几次三番找到赵某索要子女生活费，赵某都拒不支付，甚至避而不见。张某无奈之际，只能来到某市某区某街道人民调解委员会（以下简称调委会）寻求帮助。

调解过程

调委会在了解基本案情之后，于2023年10月26日电话联系了赵某。一开始，赵某觉得这是家中丑闻，不愿意让别人参与进来，调解员耐心地解释，调委会是一个客观中立的调解机构，是专门解决群众各种问题的社会力量，注重保护当事人隐私，赵某可以完全信赖。赵某听后放下了心中疑虑，他也觉得这个事情该有一个解决办法，于是同意调委会对该案进行调解。

在得到赵某的同意之后，调委会正式受理了此案。首先派出了擅长家事调解的调解员余某主要负责此案，同时指派调解员宋某协助调解。确定调解员后，调委会做了一些调解前的准备工作，根据实际情况提前制订了调解方案。调解员入户走访了赵某和张某以及相关亲友、邻居，调查核实本案有关情况。经过了解，调委会初步确定：张某确实存在对婚姻不忠诚的情形，但情节较轻，仅限于网恋，双方从未见过面。但是赵某和张某经过这一事件，矛盾尖锐，调解难度较大。了解到这一情况之后，调委会及时调整了调解方案。

2023年11月2日，赵某和张某来到调委会接受调解。调解员首先告知当事人在调解过程中应当注意的事项以及应当遵守的纪律。接下来，张某先陈述意见，称这半年来赵某不顾家庭，导致自己与孩子生活艰难，要求赵某负起作为丈夫和父亲的责任。赵某则表示自己多年来在外辛苦工作，为的就是家和孩子，可张某却背叛了自己和家庭，孩子也不一定是自己亲生的，他对这个家失望透顶，不想做一个冤大头，拒绝支付生活费，还扬言要与张某离婚。

听完了双方的陈述，调委会总结本案的调解难度在于如何消除当事人心理上的隔阂。为了稳定赵某的情绪，调解员首先对张某进行开导，告诉她忠诚是婚姻的根基，"夫妻应当互相忠实"是《民法典》明确规定的内容。结婚后夫妻双方会遇到各种来自现实的挑战，只有彼此信任对方，坚守对家庭的爱和责任，才能收获幸福美满的婚姻，在要求丈夫对家庭负起责任的同时，也应当反思自己是否对这个家尽到了责任。张某听后主动向赵某认错，说自己只是一时糊涂，一定及时改正，今后愿意与赵某为了家庭一起努力。

随后，调解员转而对赵某说道，为人父、为人夫不是简单的一句话，它意味着肩上沉甸甸的责任。《民法典》第一千零五十八条规定："夫妻双方平等享有对未成年子女抚养、教育和保护的权利，共同承担对未成年子女抚养、教育和保护的义务。"第一千零五十九条规定："夫妻有相互扶养的义务。需要扶养的一方，在另一方不履行扶养义务时，有要求其给付扶养费的权利。"如果赵某扔下孩子、妻子不管，就意味着逃避了法定义务。当然，如果赵某执意认为孩子不是他亲生的，可以通过法院提起诉讼的方式进行维权。对此，《民法典》第一千零七十三条第一款规定："对亲子关系有异议且有正当理由的，父或者母可以向人民法院提起诉讼，请求确认或者否认亲子关系。"调解员还说，经过他们走访和调查，两个孩子不是赵某亲生的可能性很小，赵某的妻子张某只是和他人异地网恋，从未跟网友见过面，不可能生育子女。对于此，赵某自己也可以去进一步核实确定。俗话说百年修得同船渡，千年修得共枕眠，夫妻之间难免有考验，如果张某迷途知返，也是可贵，况且他们还有一双儿女，希望赵某能为了儿女的健康成长而原谅张某。赵某听后，表示自己对张某还有感情，如果她能迷途知返，愿意继续维持这段婚姻并尽到自己的责任。

调解结果

张某与赵某达成调解协议：

1. 张某立即断绝网恋关系，回归家庭，并保证对家庭永远忠诚；

2. 赵某与张某共同承担起抚养儿女的责任。

经过回访，调解员发现张某和赵某之间已经完全消除隔阂，一家人感情融洽，生活其乐融融。双方对调解结果表示非常满意。

案例点评

本案的调解难度主要在于做通当事人的思想工作，消除当事人心理上的隔阂。在调解之前，调解员深入调查走访，为厘清当事人关系和后续的调解过程奠定了重要基础。

调解中，调解员充分把握当事人的情绪变化，及时加以疏导，对有过错的张某先行说服规劝，有效平息了赵某心中的怒火；接下来对赵某晓之以理、动之以情，进行了耐心充分的开导，为双方调解和好做了准备，充分发挥了心理疏导方法在该案调解中的关键作用。在做当事人心理工作的同时，调解员又适时地讲解了相关法律，不仅使张某深刻认识到忠诚对于一个家庭的重要性，也使赵某明白了自己作为父亲和丈夫所负担的责任。最终两人握手言和，重归于好。调解员耐心负责，充分发挥调解作用，成功拯救了一个家庭。

二、邻里纠纷

案例6　李某某与江某邻里纠纷调解案

案情简介

某小区位于某市某区，该小区内的住宅楼均为一梯两户结构。李某某与江某为该小区的住户，是同一层楼的邻居。2023年9月13日至27日期间，江某因工作在外出差。9月20日，李某某外出后回家，刚到家门口，就有朋友给他打来了电话。由于他正在抽烟，接起电话后就不方便找钥匙开门了，于是李某某便站在门口打完电话后才进门，并没有注意到掸落的烟灰掉在了门口自己家的杂物堆中。

没过多久，火势便在楼道中蔓延开。李某某发现后，连忙在业主群中叫物业公司以及邻居们来灭火。物业公司看到消息后，很快到达了现场，同一栋楼的邻居们也加入了灭火的队伍中。最终，大家依靠从李某某家引出的水管以及物业公司带来的灭火器，成功将火扑灭。由于杂物堆放在李某某与江某家中间，这场火虽然并未造成人员伤亡，但却给江某造成了一定的财产损失。江某得知相关情况后，立即赶回家中，发现自家的防盗门以及门口处的木地板需要更换，被熏黑的墙面也需要重新粉刷。随后，江某将自己的损失清单通过微信发给了李某某，要求其进行赔偿。但李某某却认为，这次起火消防部门并没有进行灭火，无法确定具体的起火原因，也就不能将起火的责任归咎于他一人。况且，起火时他也参与了灭火，对火势的扑灭具有一定的贡献，帮助江某阻止了损失的扩大，不应该承担赔偿责任。双方就赔偿问题僵持不下，江某多次请物业公司与居委会从中调解，但一直没有结果。无奈之下，2023 年 12 月 20 日，江某来到人民调解委员会（以下简称调委会）寻求帮助，请求调委会出面解决纠纷。

调解过程

调解员先联系了李某某，但李某某的态度较为抗拒，表示自己坚决不会赔偿，拒绝进行调解。于是，调解员又联系了江某与李某某所居住小区的居委会，请居委会出面说服李某某。在居委会的劝说下，李某某终于愿意进行调解。但由于双方情绪仍然比较激动，调解员决定采取“背对背”的方式，避免双方发生新的冲突。

要解决江某与李某某之间的纠纷，需要确定李某某究竟是否为此次火情的责任人。调解员到物业公司调取了事发当日的楼道监控视频，发现李某某在火情发生前确实有在杂物堆旁抽烟的行为，且从李某某回家到火情发生，途中并无其他人进入该楼层。调解员将调查得知的相关情况告诉了李某某，表示他需要对此次火情负责。同时，调解员为李某某普及了法律知识，指出《民法典》第一千一百六十五条第一款规定：“行为人因过错侵害他人民事权益造成损害的，应当承担侵权责任。”听了调解员的话，李某某知道了自己应当承担的责任，表示愿意对江某进行赔偿。

随后，调解员将江某与李某某约到了调解室，准备使用“面对面”的方式使两人对赔偿金额达成协商。调解开始后，江某出示了自己总结的损失清单，包括更换地板、更换防盗门、粉刷墙壁的费用共计 8000 元。对于这一金额，李某某并不认可，认为江某借此机会漫天要价。调解一度陷入僵局，为缓解局面，调解员将江某请进其他调解室，再次分别对两人进行劝说。

经过调解员的沟通，李某某终于松口，但表示自己最近手头比较紧，无法立刻拿出 8000 元，希望能够降低赔偿金额。于是，调解员又与江某进行了沟通，传达了李某某的意思。江某表示，自己要求的赔偿数额是考虑到各种建材当前的市场价格以及需要的数量确定的，十分合理，并不愿意降低。调解员表示，江某与李某某是邻居，日后难免需要打交道，有困难时说不定还需要互相帮助。如果双方各退一步，不仅能够顺利解决问题，也不至于破坏邻里关系。听了调解员的话，江某也认为有道理，表示愿意体谅李某某，适当降低赔偿数额。最终，在调解员的努力下，江某与李某某当场达成了和解。

调解结果

在调解员的主持下，江某与李某某达成调解协议，内容如下：

李某某于 2024 年 1 月 31 日前向江某支付 6000 元。如到期未支付，江某有权向法院提起诉讼。

案例点评

在本案中，调解的难度主要在于软化双方态度、破解调解僵局。调解员采取了背对背与面对面相结合的调解方法，抓住调解的关键点，在适合的时机分别与当事人进行沟通，从而避免使当事人正面发生冲突，导致矛盾激化。在调解过程中，调解员应当根据具体情况灵活应对，以化解当事人之间的矛盾为最终目的，可以将不同的调解技巧结合起来，从而达到更好的调解效果。

案例7　张某与陈某邻里纠纷调解案

案情简介

2023年5月，张某在某市某小区购置了一套二手两居室房屋，并于同年6月入住。其入住的时间正值入夏，家家户户都开始开空调纳凉。张某家入住后，其父母住在南面的卧室，张某自己住在北面的卧室。张某平日里在单位的宿舍居住，只有周末才回家。

入住后的连续几个周末，张某都没有睡过好觉，原因是窗户外面的空调外机声音太吵了。原来，楼上的邻居将自家的空调外机安在了张某卧室窗户的正上方，空调整晚运转，再加上空调使用多年，外机噪声很大，即使关着窗户都听得非常清楚。张某忍受不了，上楼找邻居理论，希望邻居能把空调外机移下位置。

楼上的邻居陈某一家在该小区居住多年。陈某听了张某的请求后，说："我们家这空调都安了好多年了，原来楼下住得好好的，怎么你家一搬进来就不行了呢？"陈某拒绝移机。

张某无奈地回到家。他想起卖给他房屋的前房东赵某，想问问他当时是怎么解决噪声问题的，于是拨通了赵某的电话。据赵某讲，他们家将北面卧室用作书房，一直没有住人，因此也没有遇到噪声影响休息的问题。张某听闻后，结合自己家的居住情况，心想这个北面卧室噪声的问题一定要解决，并且唯一的解决办法就是楼上邻居把空调外机移位。

于是，张某又去找陈某，但陈某避而不见。张某将此事反映到小区物业公司，物业公司工作人员登记后表示一定会找陈某商量此事。但是近一个月过去了，张某也没有得到物业公司处理此事的答复。张某又去了物业公司，询问情况。原来，物业公司给陈某多次打电话约谈此事都被拒绝，而且陈某态度强硬，屡次挂断电话，后来，物业公司就没有再过问。物业公司给张某支招，可以就此事请求人民调解。

2023年8月5日，张某来到某市某区某街道人民调解委员会（以下简称调委会），请求对其邻居空调外机噪声扰民一事进行调解。

调解过程

调委会接到张某的申请后，及时联系了另一位当事人陈某。陈某表示愿意调解。

调委会初步了解问题后，于8月7日派两名调解员到张某家查看情况，经过调查，认定陈某家的空调外机确实存在安装位置不当且噪声较大的问题。

了解到具体情况后，调解员做了一些相关准备，于8月8日电话通知张某、陈某以及物业公司的工作人员在8月9日来调委会进行调解。

8月9日上午，张某、陈某和物业公司工作人员来到了调委会，大家坐下来，各自谈了自己的看法。调解员在听完大家的陈述后，总结了症结所在：空调安装需要人力还有安装费用，所以陈某不愿意重新安装，如果重新安装需要张某支付费用，张某不同意。

针对这个情况，调解员指出，《民法典》第二百八十八条规定：“不动产的相邻权利人应当按照有利生产、方便生活、团结互助、公平合理的原则，正确处理相邻关系。”第二百九十四条规定：“不动产权利人不得违反国家规定弃置固体废物，排放大气污染物、水污染物、土壤污染物、噪声、光辐射、电磁辐射等有害物质。”陈某家的空调外机声音已经严重影响张某家的正常生活，其应当解决空调噪声问题，排除妨碍。否则，张某起诉到法院，陈某也可能因违反法律承担败诉的结局，到时候也是要进行移机的。

调解员讲完法律，又讲到了情理。俗话说，远亲不如近邻。邻居之间低头不见抬头见，总有帮忙的时候，互相退一步，大家都方便。既然张某在此处买房居住，他的父母也在这里安享晚年，那么，张陈两家相处的日子还很长，不能因为空调的事情让两家成为仇人。

调解员以案说法、以情说案，对当事人动之以情、晓之以理，最终陈某做出让步，表示愿意移机，张某也表示愿意帮忙，最终两人握手言和。

调解结果

张某与陈某于调解当场达成调解协议：

1. 陈某将自家的空调外机重新安装在合理位置，并调校好空调外机，降低运转声音；

2. 重新安装空调外机费用由陈某自行承担；

3. 张某尽可能给陈某提供安装空调外机的便利条件。

案例点评

本案的调解难度在于做通陈某的思想工作，让其明白邻里之间也存在法律上的权利与义务。只要陈某想通了，问题就解决了。面对陈某的强硬态度，调解员直接搬出了法律条文，先以法律对陈某形成震慑，然后又以假设该案提交诉讼可能对陈某造成的不良后果来警示陈某。案件调解进行到此时，相信陈某心里已经有些动摇。随后，调解员又从邻里相处和邻里关系角度进行劝说，使陈某彻底转变思想，最终二人都敞开了心扉，充分认同“两家以后还是要好好相处”的道理，从而让调解走向成功。

在调解工作中，调解员要设身处地为当事人着想，依法调解，用法律说话，以德讲情，感化人心，以此推动纠纷的及时化解。

案例8　杨某与郑某邻里纠纷调解案

案情简介

2023 年 5 月，刚刚搬入某省某市某小区的杨某发现对门邻居郑某家里养了两只狗，一只白色，一只黑色，其中黑色的那只体形偏大，目光犀利，叫声也很大。

入住后，杨某一家常常半夜被犬吠声吵醒。

有一次，杨某妻子带女儿上幼儿园，在等电梯的时候，对门郑某家也正开门，黑狗便对着她俩汪汪叫，杨某的女儿都吓哭了，后来每次出门都有阴影，生怕被咬。

为此，杨某去找郑某协商过，郑某表面上答应得挺好，说是“教训”一下它们，不让它们再大声吵闹，也不许对着孩子乱叫。但是，事情还是没有变化，那两只狗已经严重地影响到杨某一家的正常生活。

一个周末的早晨，杨某下楼晨练，一股刺鼻的味道扑面而来，他发现两只狗居然在他们所住的楼层随地大小便，郑某还没有清理，他只得踮着脚尖捂着鼻子快速进入电梯。在电梯中，杨某正好碰到楼上的邻居，聊起此事，原来这位邻居也是深受其害，并称有一次看到那只黑狗在电梯里小便。于是，两人约定一起去找郑某谈谈，结果郑某出言不逊：“这狗在我公摊面积上活动，是我的权利。

它们又不是人，怎么能像人一样讲究卫生，再说我也不能天天守着它们。我的孩子们都不在家，你们过来理论是在欺负我。”

后来，杨某找到物业，物业答应进行劝说，但过了一个多月依旧未果。于是，2023年8月7日，杨某来到某市某区某街道人民调解委员会（以下简称调委会），请求对郑某养狗扰民一事进行调解。

调解过程

调委会接到杨某的申请后，及时联系了养狗人郑某，郑某也表示愿意调解。调委会初步了解问题后，进行了调查，杨某的其他邻居均说出了同样的困扰，打扫卫生的保洁人员也对两只狗随地大小便的情况作出了证实。掌握具体情况后，调解员做了相关准备。考虑到郑某年迈，便决定上门进行调解；又考虑到沟通问题，于是联系了郑某的子女，让他们都来一起参与调解。

调解员先是以聊家常的方式切入了话题。在与郑某进行了一番真诚的交流后，调解员了解到他的子女因工作忙，总是不能陪伴在他身边。郑某的老伴走得早，如今一人独居，难免寂寞。为了排遣孤独，他这才养了两只狗。调解员表示，养狗当然可以，但一定要做到文明养宠，不能影响邻居们的生活。《民法典》第一千二百五十一条对此有明文规定：“饲养动物应当遵守法律法规，尊重社会公德，不得妨碍他人生活。”接着，调解员又列举了当地政府颁布的关于文明养宠的各种规章制度，让郑某认识到自己的行为不仅干扰了邻居们的正常生活，还违反了法律的规定。

听了调解员的话，郑某的态度有了明显的松动。调解员趁热打铁，从邻里感情的角度，向郑某表示远亲不如近邻，他的孩子们不在身边，以后如果有困难还需要邻居们的帮忙，不能因为不文明养宠伤害邻里感情。郑某的子女们也帮着调解员劝说着自己的父亲，并答应以后一定常回来看看，不让父亲感到孤独。此时的郑某终于彻底软化下来，承认了自己的错误，承诺以后会文明养狗，不再让狗随地大小便，不干扰邻居们的生活。

见郑某已经认识到错误，杨某也当即表示对从前的过节既往不咎。在调解员的劝解下，杨某与郑某握手言和，两家人还表示以后要多互相走动，联络邻里感情。

调解结果

杨某与郑某于调解当场达成调解协议：

1. 郑某同意文明养犬；
2. 杨某对过去的纠纷不再追究。

案例点评

本案的调解难度在于做通郑某的思想工作，让其明白文明养犬的重要性。在开展调解工作时，调解员并没有直接强硬地搬出法律条文，而是以郑某本人的经历以及心理状态作为突破点，在其态度有所缓和的时候，再顺势列举法律条文，告知其文明养犬是法律所规定的义务。通过调解员的努力，不仅成功化解了杨某与郑某之间的纠纷，还促使郑某的子女看望郑某，体现出调解工作对老年人的关爱。

在调解工作中，调解员要设身处地为当事人着想，以情示理，依法调解，在消除当事人抵触情绪的同时进行普法教育，真正做到使当事人心服口服，自愿接受调解结果。另外，调解时不仅要看清问题的表面，更要通过现象看透本质，化解深层次的矛盾，以解当事人的后顾之忧，防止相同事情再次发生。

案例9　刘某与王某邻里纠纷调解案

案情简介

刘某与王某是多年的邻居，两家的房子建得早，相邻得很近。几年前，王某对自家的院子进行扩建和改造，并移植了几棵树木，不仅为了观赏，还为了夏日能够在院子里乘凉。刘某一家对王某的行为并没有什么意见，反而觉得栽种树木是件对两家人都有益的好事。

王某所栽种的树木与刘某家的院墙离得很近。随着树木长大，首先困扰刘某一家的就是蚊虫问题。刘某的孩子年龄还小，晚上总是被蚊虫叮咬得睡不着觉。好不容易熬过了夏天，秋风一起，又将树木上的枯枝落叶全吹到了刘某家的院子里。随着树木越长越大，被风吹落的枯枝甚至砸坏了刘某家的屋顶。刘某认为，王某栽种的树木已经严重影响了他们一家的正常生活，存在非常大的安全隐患，要求王某将树木移走或是砍掉。可王某爱惜自己精心栽种的树木，说什么也不愿意移树甚至砍树，两家人就此起了纠纷。

为了解决问题，刘某多次找到村委会，希望村委会能够出面调解。可王某当面一套背后一套，表面上答应了会解决问题，实际上却什么都不做。眼见两家人的矛盾愈演愈烈，村委会建议刘某请求人民调解委员会进行调解。于是，2023年2月8日，刘某来到某县某镇人民调解委员会（以下简称调委会），请求对两家人的纠纷进行调解。

调解过程

调委会接到刘某的申请后，当场就电话联系了当事人王某，王某表示愿意调解。调委会在初步了解问题后，于2023年2月9日派两名调解员到刘某家查看情况。经过调查，调解员确认刘某家房顶曾被树枝砸坏的情况属实，而距离刘某家院墙过近的树木确实给刘某一家的生活和出行带来了不便。

随后，调解员又到王某家查看情况，发现王某虽然愿意调解，但态度较为强硬。为了避免调解过程中王某与刘某当面引发冲突，调解员决定采取“隔离法”，分别对两人进行劝说，以达成调解的目的。面对态度强硬的王某，调解员先是闲聊几句来拉近双方的距离。见王某有所松懈，调解员便拿出在刘某家中拍摄的照片，来证明王某所栽种的树木确实对刘某一家的生活造成了很大的影响。王某原本以为刘某是无理取闹，看到照片后才彻底了解详情，态度有所软化，但仍然不同意将树木移走。随后，调解员将王某对树木的爱惜之情与刘某对家人的关爱之情做对比，引导他换位思考，从而理解刘某的心情。随后，调解员又指出《民法典》第二百八十八条规定：“不动产的相邻权利人应当按照有利生产、方便生活、团结互助、公平合理的原则，正确处理相邻关系。”听了调解员的话，王某逐渐意识到自己因栽种树木而影响刘某一家生活的行为确实是错误的，同意移走部分离院墙较近的树木，保留部分离院墙较远的树木。

见王某已经对移走树木的事情松了口，调解员便又来到刘某家做起了刘某的思想工作。因为王某之前态度蛮横，刘某心中不忿，一开口便要求王某将树全部移走。调解员忙将王某已经认识到错误并愿意移走树木的事情告诉了刘某，并趁机表示远亲不如近邻，劝说刘某不要将多年的邻里情谊闹僵。刘某见王某已经有所反省，便也表示愿意让步，同意只将影响最大的几棵树移走，其他树保留。

最终，在调解员的见证下，刘某与王某达成了调解协议。

调解结果

刘某与王某于调解当场达成调解协议：

1. 王某应于 2023 年 2 月 28 日前将靠近刘某院墙的三棵树移走，并承担移走树木所产生的费用；

2. 王某移走树木的损失和刘某修复受损房屋的损失相抵，互不赔偿。

调解员经回访得知，刘某与王某已按照调解协议履行了相关义务，没有再起纠纷。

案例点评

本案的调解难度在于让王某意识到邻里之间也存在法律上的权利与义务，从而让其认识到栽种树木不仅仅是他个人的事情，还会对邻居刘某的正常生活造成影响。在调解过程中，为了避免刘某与王某产生正面冲突，调解员采取了“隔离法”的调解模式，分别对两人进行劝说，从而以更为平和的方式解决纠纷。

邻里矛盾往往是小事，但如果不及时解决很容易造成大矛盾。调解员采取了正确的调解方式，不仅解决了刘某、王某二人之间的纠纷，也成功维护了邻里之间的和谐关系。

在调解工作中，调解员要注重调查研究，查清事实真相，留存现场照片，以便让当事人深刻意识到自己的错误，促进纠纷的迅速、彻底解决。此外，要将法理与情理相结合，更好地引导双方当事人解决矛盾。

案例10　王某与李某邻里纠纷调解案

案情简介

王某和李某是同村的邻居，两家分别在一条过道的东侧和西侧，多年来关系还算融洽。

2022年春，李某买了一辆汽车，由于院门比较窄，汽车无法进入，他就把车停在两家之间的过道上，这下原本不算宽敞的过道显得更窄了。刚开始，王某家并没有说什么，心里想李某也要从这里来回走，肯定会意识到这个问题。然而一晃几个月过去了，李某的车还是停在原位。

一天，王某跟李某聊天时，说李某的汽车占道给他们一家出行带来了极大不便，希望李某把院门改大，把车停进自家的院子里。李某嘴上说着他考虑考虑，但压根儿没往心里去。过了一段时间王某又去理论，恰逢李某喝醉了酒，称王某肯定是看自家有车心里羡慕，才屡次故意找碴儿。两人拌了几句嘴，不欢而散。

一天，李某的亲戚结婚，把车借了过去，还车的时候见李某不在，就把车停在了门口。李某回来时发现车身有一道划痕，以为是王某所为，便上门找王某询问。王某觉得自己受了冤枉，不由得说话急了些，二人越说越激动，不一会儿就吵了起来，越吵越凶，王某还动手打了李某一拳。渐渐地，围观的乡邻也越来越多，可大家谁也劝不住这两人。村委会主任得知此事后，赶到现场制止了二人，但未能化解两家的纠纷。后来，该镇人民调解委员会（以下简称调委会）在了解此事后，为防止事态扩大，决定主动介入。

调解过程

调解员来到该村后，让村委会工作人员将李某和王某二人约至村委会。二人坐定后，调解员表明了自己的来意，又让双方当事人说明情况。王某称李某家的车停放在过道上影响了他们一家的正常出行，李某则称肯定是王某嫉妒他才故意找碴儿，并将自己的车划伤。调解员听了当事人的陈述后，总结出矛盾的焦点主要有两点：一是李某没有意识到自己停车给对方当事人带来了出行上的不便，而认为王某是嫉妒自己；二是李某误会王某对自己不满才故意将车身划伤。

针对第一个焦点问题，调解员让李某把车停放在经常停的位置，让李某推着王某的电动车从王某家走出来，亲自体验其中的不便。经体验，李某发现，虽然可以通过，但是必须小心翼翼，否则很容易发生剐蹭。这时，他意识到自己确实给邻居带来了很大的不便，随即红了脸。关于李某轿车上的划痕，调解员让李某给自己的亲戚打电话，调查核实是不是亲戚不小心划伤的。而亲戚在电话中说，是自己开车时不小心划了一道，忘记告诉李某了。

调解员随即又搬出了法律规定。《民法典》第二百八十八条规定："不动产的相邻权利人应当按照有利生产、方便生活、团结互助、公平合理的原则，正确处理相邻关系。"两家既然比邻而居，就应该好好相处、互谅互让、互相提供方便。调解员指出，两家之间的过道虽然不属于严格意义上的道路，但也不是李某一家的，他有义务给邻居王某的出行提供一定的便利。同时，调解员劝李某不要乱猜测，遇事后一定要在弄清事实真相的基础上再发言，这次因划车的事冤枉王某，实属不该。看到李某认识到自己的错误后，调解员又转过来对王某说，遇到自己解决不了的冲突的时候，可以找中间人协调或者直接找调解委员会调解，而不是吵架甚至诉诸武力解决。

经调解，李某同意扩大院门，将汽车停进自家院子，不再停放在过道上，并为自己给王某带来的出行不便及猜测误会真诚道歉。王某则表示接受李某的歉意，还说自己给了李某一拳也是不该，并表示以后有问题一定好好商量解决，而不是争吵甚至动手，必要时寻求调委会及相关力量的帮助。

调解结果

王某与李某当场达成如下调解协议：

李某以后把车停在自家院子，不再占用双方之间的过道。

经回访，李某扩充了院门，再也没有将车停放在公共空间，两家渐渐恢复了睦邻友好的关系。

案例点评

本案的调解重点在于做通李某的思想工作，让其明白并不是王某故意找碴儿甚至嫉妒其拥有汽车，而是他占用过道停放汽车的行为的确给王某一家的出行带来了很大的不便。调解员让当事人亲自体验自己给别人带来的不便，并从情理、法律角度加以规劝，使其心悦诚服，从根本上解决了纠纷。

在调解过程中，调解员要注重使用苗头预测与遏止的方法，在发现问题后，为防止事态扩大，可以主动介入。在调解中，可以让当事人亲自体验，使之深刻意识到自己的错误。同时，要适时进行普法教育，使当事人双方明白其自身的权利义务，使他们的认识达到一个新高度。

三、房屋宅基地纠纷

案例 11　赵某与某村村委会、蔡某房屋宅基地纠纷调解案

案情简介

2023 年 8 月，赵某听说某村村委会正在出售该村某小区的某号房屋，便联系了村委会的售房人员。看完房子之后，赵某决定购买此房屋作为儿子的婚房。2023 年 8 月 15 日，赵某以 20 万元的价格从该村村委会处购买了该房屋，并将价款一次性付清。

突然有一天，蔡某找到赵某，称自己才是赵某所购买房屋的所有权人。对此，赵某非常惊讶，称自己是花了 20 万元从村委会购买的房屋，房屋不可能是蔡某的。赵某再三解释，蔡某坚持说房屋是自己的。为此，双方发生纠纷。

赵某找到村委会，让村委会解释清楚，为什么自己购买的房屋现在变成别人的了？对此，村委会坚持称赵某就是房屋的所有权人，让他不要理会蔡某。然而，之后蔡某又多次找到赵某，让赵某将房屋归还给自己。

无奈之下，赵某咨询了相关的法律专业人员，其告诉赵某可以先到人民调解委员会申请调解，若调解不成再向法院起诉。于是，赵某便到该村所在的某县某镇人民调解委员会（以下简称调委会）申请调解，要求村委会出面澄清事实，确认房屋产权归自己所有，

或者返还已经支付的 20 万元购房款。

调解过程

接到赵某的申请之后，调解员电话联系了村委会和蔡某，得知他们同意进行调解，调委会于2023 年9 月3 日受理了该申请，并派专职人员进行调解。

9 月 4 日，调解员通知赵某、蔡某、村委会到调委会进行调解。在当事人到达调委会后，调解员首先讲解了调解的程序，告知三方当事人在调解过程中应遵守的纪律以及他们享有的权利和应履行的义务。

根据各方当事人的陈述，该案件的基本情况如下：蔡某原来是负责该小区建设的承建商，在其完工交房之后，村委会没有足够的资金支付承建房屋的款项。在蔡某多次催款之下，双方达成协议，村委会将赵某所购买的此处房屋用于抵偿拖欠的 25 万元工程款，并确认蔡某为房屋的所有权人。现在因村委会要出售用于抵偿的房屋，故蔡某请求村委会偿还 25 万元工程款。

而现任的村委会主任是两个月之前才上任的，并不知道村委会已经将赵某购买的房屋抵偿给了蔡某，并且，由于房屋属于村集体组织所建，在书面产权确定上也存在一定的缺位和不足。因此，村委会主任是在不知情的情况下将房屋卖给了赵某。赵某也表示，自己并不知道村委会已经将该房屋抵偿给了蔡某，否则决不会购买此房屋。赵某希望村委会可以说明真实情况，并确认自己已经取得该房屋的产权。

了解案件的基本情况后，调解员便开始进行调解。首先，调解员向赵某、蔡某、该村村委会讲解了我国《民法典》第三百一十一条的规定："无处分权人将不动产或者动产转让给受让人的，所有权人有权追回；除法律另有规定外，符合下列情形的，受让人取得该不动产或者动产的所有权：（一）受让人受让该不动产或者动产时是善意；（二）以合理的价格转让；（三）转让的不动产或者动产依照法律规定应当登记的已经登记，不需要登记的已经交付给受让人。受让人依据前款规定取得不动产或者动产的所有权的，原所有权人有权向无处分权人请求损害赔偿。当事人善意取得其他物权的，参照适用前两款规定。”调解员指出，根据该规定，赵某购买的房屋虽然实际归蔡某所有，但是，赵某在购买此房屋时并不知情，而且是以合理的价格购买的并已经占有该房，故赵某购买房屋的行为属于善意取得，房屋的所有权应该属于赵某。同时，调解员指出，村委会在没有处分权的情况下将房屋出售给了赵某，侵害了蔡某的财产所有权，蔡某有权向村委会请求赔偿损失。因此，调解员建议该房屋的所有权归赵某所有，村委会将出售该房屋的价款偿还给蔡某，以保障蔡某的合法权益。

刚开始时，蔡某并不同意赵某取得房屋的所有权，称村委会侵害了自己的合法权益，应该赔偿自己的损失。此时，调解员见难以达成协议，又开始说服蔡某，为他分析利弊。调解员指出，虽然村委会属于无权处分人，但是，赵某是善意取得，如果蔡某不同意将房屋的所有权转让给赵某，届时赵某起诉到法院，法院很可能判决房屋的所有权归赵某所有。到时候，蔡某还是要向村委会要求赔偿或者追要工程款。现在，有现成的 20 万元资金在，蔡某不如先把钱拿到手，不足的 5 万元，再向村委会追索。

然后，调解员又开始给村委会的负责人做思想工作，称虽然村委会主任是新调任的，不知道事情的原委情有可原，但现在村委会应该拿出积极的态度处理此事：一方面要维护本村村民的利益，另一方面要在社会上树立威信，不能一直拖欠承建商的工程款。

经过调解员的耐心劝说与调解，三方最终达成调解协议，并在调解协议书上签字。

调解结果

经过调解员的调解，三方达成调解协议：

1. 该村村委会将所得的 20 万元购房款交付给蔡某；

2. 该房屋归赵某所有，蔡某不再向赵某主张房屋所有权，不再打扰赵某生活；

3. 村委会于该协议签订后 10 日内，一次性向蔡某支付剩余的 5 万元工程款。

案例点评

本案属于房屋产权纠纷中的一房多卖，涉及三方当事人，各方权益很难得到平衡，并且涉及善意取得，法律知识专业性比较强，各方当事人对此可能一知半解。因此，在调解的过程中，调解员首先认真梳理法律关系，总结三方矛盾的焦点，然后用通俗易懂的语言为当事人讲解法律，让当事人更好地理解法律的规定。在当事人无法达成一致的情况下，调解员又做思想工作，耐心地为当事人分析利弊，最终赢得了当事人的信任，达成调解协议，不仅解决了房产纠纷，还一并解决了拖欠工程款纠纷。

案例 12　朱某与某建筑公司房屋宅基地纠纷调解案

案情简介

2022 年 6 月，某省某建筑公司在某省某市某县某镇修建农业采摘园。因采摘园要在8月底举办开园仪式和游览采摘活动，所以建筑公司必须在8月初完工。为此，施工人员在建设过程中使用多台机器同时工作，结果超负荷用电造成短路，引起了火灾。幸好火势较小，加上工作人员及时采取应急措施，火势很快得到了控制，并未造成人员伤亡。

由于朱某的住宅紧邻采摘园办公楼，受火灾影响，朱某家的一间小屋被部分烧毁。虽然这间小屋没有住人，但存放着朱某收藏的一些长辈的老旧照片及爷爷、父亲留给他的纪念品等，对朱某具有非常重要的意义。

在与建筑公司协商解决此事时，朱某向建筑公司提出5万元财产损失赔偿，用于修缮房屋和赔偿屋内财物损失；1万元精神损害赔偿，以弥补朱某因照片、纪念品被毁灭遭受的精神损害。建筑公司的负责人周某认为朱某提出的赔偿数额过高，且不同意支付1万元的精神损害赔偿。朱某多次向建筑公司讨要都遭到了拒绝，为此朱某组织家人朋友到施工现场阻挠建筑公司施工。

争执持续了几天，朱某见双方僵持不下，只好向某县某镇人民调解委员会（以下简称调委会）提出申请，请求对该纠纷进行调解。

调解过程

调委会接到朱某的申请后派了两名调解员向其了解情况，之后联系了建筑公司的负责人周某，周某表示同意调解，调委会遂于2022年6月30日受理该案。

调解员认为，该起纠纷，首先应当对事故发生原因与损害结果进行鉴定。于是，调委会邀请人民调解专家库中的鉴定专家开展了实地调查，最终确认建筑公司超负荷用电造成短路引发火灾，进而导致朱某的房屋被部分毁损。朱某与建筑公司对该事实都没有异议，双方争议的焦点在于赔偿的数额问题。

对此，调委会制订了调解方案，分别对双方当事人进行沟通调解。调解员找到了建筑公司的负责人周某，简单地向周某说明了调解的过程及调解中建筑公司所享有的权利和应承担的义务。随后，调解员拿出鉴定专家经过调查分析后出具的鉴定报告，向周某解释，建筑公司超负荷用电是引起火灾的主要原因，而火灾直接造成朱某房屋的毁损，包括房屋中朱某收藏的照片及纪念品，确实给朱某造成了损失，应该给予赔偿。

同时，调解员搬出《民法典》第一千一百八十四条“侵害他人财产的，财产损失按照损失发生时的市场价格或者其他合理方式计算”的规定，劝说周某以实际损失结合房子折旧情况对朱某予以赔偿，并给予朱某一定的精神损害赔偿。周某表示愿意赔偿给朱某造成的财产损失，但是不同意进行精神损害赔偿。

调解员接着向周某解释，朱某是可以提出精神损害赔偿的。我国《最高人民法院关于确定民事侵权精神损害赔偿责任若干问题的解释》第一条规定：“因人身权益或者具有人身意义的特定物受到侵害，自然人或者其近亲属向人民法院提起诉讼请求精神损害赔偿的，人民法院应当依法予以受理。”《民法典》第一千一百八十三条第二款规定：“因故意或者重大过失侵害自然人具有人身意义的特定物造成严重精神损害的，被侵权人有权请求精神损害赔偿。”周某存放在屋内的已故亲人的照片、遗留的纪念品均被损毁，无法再恢复，这对周某的精神造成很大的打击，给其带来了无法弥补的遗憾，其要求造成火灾的责任人进行精神损害赔偿，无可厚非。周某见调解员找出了明确的法律依据，便向调解员说希望能够适当降低赔偿数额。

掌握了建筑公司的赔偿意见后，调解员又找到朱某，询问了朱某对赔偿数额的要求，朱某坚持6万元的损失赔偿。调解员建议朱某适当降低数额，相互体谅，接着又表示朱某所建的小屋并非房屋主体建设，是其自己设计修建的，而且鉴定专家进行鉴定时发现存在房屋用电设施陈旧、私拉电线的问题，因此朱某自己也应承担部分责任。而在精神损害赔偿方面，根据《民法典》的精神，即使朱某向法院提起精神损害赔偿，如果事故对朱某并未造成严重的精神损害，法院是很有可能不会支持朱某的精神损害赔偿主张的。朱某听后，同意降低赔偿数额。

调解员以案说法，说服当事人互谅互让，最终促使双方达成协议。

调解结果

经过调委会的劝说，朱某与建筑公司达成如下调解协议：

1. 建筑公司负责人周某代表该公司向朱某赔偿房屋维修费用4万元，精神损害赔偿2000元，共计4.2万元，当场给付；

2. 签订调解协议后，双方再无争议，朱某不得以任何理由再次索赔，也不得再阻碍建筑公司的施工活动。

案例点评

本案的调解工作主要从两方面展开：一是对事故发生的因果关系进行调查，确认建筑公司的超负荷用电引发火灾直接导致朱某房屋被部分毁损的事实；二是确定赔偿数额及是否应支付精神损害赔偿。

在调解过程中，调解员首先运用了抓住主要矛盾进行调解的方法，摆出明确的法律依据，告知建筑公司需要赔偿朱某的财产损失和精神损失。其次，运用了模糊处理法，即在劝说朱某适当降低赔偿数额的问题上，指出朱某私自修建小屋并乱拉电线的问题，自身也存在安全隐患，应当承担一定的责任，接着通过解释朱某主张精神损害赔偿可能得不到法院支持的后果，最终说服朱某同意降低赔偿数额。另外，调解员也运用了动员多种力量协调解决的方法，邀请鉴定专家对本案事实进行分析鉴定，为调解员进行调解出具了权威的鉴定结果，在明晰双方责任、确定赔偿数额上起到了关键作用。

案例13　胡某与徐某房屋宅基地纠纷调解案

案情简介

胡某与徐某都是某省某市某县某镇某村人，是十几年的老邻居，一直以兄弟相称，关系非常好。但在2020年，胡某与徐某因宅基地的问题产生矛盾，两家人多次争吵，甚至发生肢体冲突，之后关系便冷淡了起来。

原来，那年胡某要为儿子结婚翻盖新房，在盖房的过程中，胡某私自占用了徐某家的部分宅基地。当时徐某及妻子正在外地帮助徐某的姑姑做水产养殖生意，对胡某盖房占用他家宅基地的事情一概不知。等徐某回来时，胡某的房子已经盖好了，徐某发现宅基地被占用的情况后，去找胡某理论，胡某拒不承认，说自己就是在原来房子面积的基础上翻盖的。徐某非常气愤，开始与胡某吵嚷，最后大打出手。邻居见状赶紧报警，警察将两人带到派出所进行调解，做了笔录，但是并没有将问题解决。

在此之后，徐某又多次找到胡某协商此事，但胡某坚称自己是在自家宅基地基础上翻盖的房屋，并没有侵占徐某家的空间，结果两人闹到了派出所、信访局及相关部门，但事情始终没有得到彻底解决。

2022 年 9 月 4 日，徐某在当地信访局的建议下，来到了某县某镇人民调解委员会（以下简称调委会），请求对胡某占用其宅基地一事进行调解。

调解过程

调委会接到徐某的申请后，进行了登记，并向徐某了解了案件的基本情况。之后，调解员亲自到徐某住宅处查看，并对土地进行测量，掌握了双方宅基地的真实情况。然后，调解员找到胡某，向他说明情况，询问其是否同意调解。经过调解员的劝说，胡某表示同意进行调解。

三日后，调解员将徐某和胡某约到了调委会。在调解开始前，调解员向双方讲述了调解的一般过程，告知双方在调解中有哪些权利义务。两人表示已经知晓上述内容，自愿进行调解。

调解员首先让徐某讲述了案件的经过并拿出事先准备好的宅基地土地使用权证、房产证、相关部门出示的证明材料等相关证据。徐某陈述完毕后，由胡某进行陈述。两人各有各的理由，互不相让，又有打闹的趋势，调解员及时制止，控制住了局面。

双方都陈述完毕后，调解员拿出了调委会在调查过程中掌握的证据材料，即两家住宅用地的面积使用情况，这是调解员依据宅基地使用证上标明的面积进行实地测量所得的结果。调解员将该证据分别向双方当事人展示，结合徐某提出的证据，确认了胡某多占用徐某的宅基地面积的事实。

接着，调解员又介绍了关于相邻关系的规定。《民法典》第二百八十八条规定："不动产的相邻权利人应当按照有利生产、方便生活、团结互助、公平合理的原则，正确处理相邻关系。"调解员向二人解释了上述条文，即房屋相邻的两家应当本着便利各方的原则，行使自己的权利，不能因排水、通风等问题影响相邻方的利益，更不能因盖房而多占用他人的土地，要确保自身的权利在法律规定的、不侵害他人权益的范围内行使。

经过调解员详细的讲解，胡某意识到自己行为的不妥。为了促成纠纷化解，调解员开始从情理方面劝说徐某，指出胡某盖房是为了儿子结婚，原本是非常高兴的一件事，却跟邻家兄弟产生了这样的矛盾，他心里也非常郁闷。何况两家人以前关系那么好，就因为这点问题耿耿于怀了这么长时间，严重影响了两家人的感情。俗话说远亲不如近邻，两家在一起住着，以后总有用得着对方帮忙的地方，不如化干戈为玉帛，友好解决此事。在劝说徐某时，调解员还给他讲了“六尺巷”的故事，笑着说：“咱们大人有大量，让他三尺又何妨?”徐某的情绪慢慢平和起来，最终表示同意，但要求胡某必须认可此事，并给自己一定的补偿。

在双方当事人态度都变缓和的情况下，调解员趁热打铁，根据双方的意愿制定了一份调解协议，双方均同意协议书的内容并签字摁了手印。为确保调解协议的效力，双方申请了司法确认。

调解结果

徐某与胡某于调解当场达成调解协议，内容如下：

1. 胡某房屋已经建成，胡某承认占用与徐某住宅相接处 1.2 米宽距离的土地，被占用土地的实际使用权人为徐某，若以后胡某房屋再次进行修盖，必须让出 1.2 米宽的距离还给徐某；

2. 胡某向徐某一次性支付土地使用费 3 万元整。

调解协议签订三周后，徐某和胡某一起来到调委会，对调解员表示感谢，并说两家对调解结果非常满意，已经和好如初。

案例点评

在本案的调解中，调解员设身处地为当事人着想，先查明了案件事实，确认胡某占用徐某土地的事实，然后运用法治与德治相结合的方法进行调解，用法律说话，以理服人，感化人心。调解员先向胡某摆明法律条文，让其明白占用他人土地的行为是不受法律保护的；然后向徐某讲述情理，称胡某的房屋已经建成，而且胡某也承认占用了徐某土地，让他从两家的友好睦邻关系出发，也退让一步。最终在调解员耐心细致、合法合理的调解下，本案得以圆满解决。

案例14 于某甲、于某乙与朱某房屋宅基地纠纷调解案

案情简介

于某某是某国有企业的退休工人，妻子在多年前因病去世。于某某的一儿一女都在北京工作，由于工作繁忙，他们平时很少有时间回家看望于某某。因此，于某某平日里经常感到孤独寂寞。

2017年12月，经人介绍，于某某认识了朱某。朱某的丈夫在多年前已经去世，无儿无女，孤身一人。两人在相处了一段时间后，于某某决定与朱某结婚。但是，因于某某的儿女坚决反对，两人虽然生活在一起，但并没有领取结婚证。

2020年4月，于某某被诊断出患有癌症。其生病期间，得到了朱某无微不至的照顾，儿女只是偶尔回家看望。他在得知自己的病

情之后，觉得应该报答朱某，毕竟是朱某一直在照顾自己。而且他知道如果自己去世，儿子和女儿是不可能让朱某继续居住在自己的房子里的。因此，于某某便准备将自己居住的房屋过户到朱某名下。但是因其居住的房屋属于单位的集体住房，非本单位职工不能享有所有权，所以没有过户成功。后来，于某某立下遗嘱，在遗嘱中写明房屋的所有权归儿女于某甲和于某乙，但朱某可以享有居住权，直到朱某再婚，或者独身至终老。

2023 年 5 月 10 日，于某某去世。于某甲和于某乙要求朱某搬离房屋。此时，朱某拿出了于某某留下的遗嘱。然而，该份遗嘱是于某某找人代写的，没有见证人签名，故被认定为无效。

2023 年 5 月 15 日，在处理完父亲的丧事后，于某甲和于某乙便强行让朱某搬出了父亲的住房。无奈之下，朱某找到某县某镇人民调解委员会（以下简称调委会），请求调委会对此事进行调解。

调解过程

调委会在接到朱某的申请后，鉴于她没有地方居住，马上派调解员进行调解。调解员在向朱某了解了基本情况后，联系了于某甲、于某乙。于某甲、于某乙表示愿意接受调解。

于是，调解员立刻组织双方到调委会进行调解。在双方到达调委会后，调解员告知双方调解的程序和相关权利义务后即展开调解。首先，调解员请双方当事人陈述了各自的诉求。朱某称于某某在生前立下遗嘱，自己对房屋享有居住权，并且自己一直照顾于某某，要求于某甲、于某乙支付一些补偿款。于某甲、于某乙则认为，他们才是房屋的所有权人，况且父亲所立的遗嘱无效，故朱某无权居住在父亲的房屋中。在朱某陈述自己的诉求时，于某甲和于某乙非常愤怒，声称朱某和他们的父亲在一起就是为了房子和钱。为此，双方发生争吵。调解员及时制止了双方的争吵，并安抚双方的情绪，但调解一度陷入僵局。

见状，调解员马上转换调解策略，采用分开劝说的方式，将双方分开做工作。调解员对于某甲和于某乙说，我国《民法典》第一千一百三十一条规定："对继承人以外的依靠被继承人扶养的人，或者继承人以外的对被继承人扶养较多的人，可以分给适当的遗产。"在于某某患病三年多的时间里，一直都是朱某在照顾。虽然于某某留下的遗嘱无效，但是，这也可以看出于某某是非常感激朱某的，希望她老有所居。从法律上讲，如果按照法定继承，朱某依据这三年多对于某某的照看，也可以主张分得适当的遗产。现在于某某去世了，朱某也已经年近七旬，既没有住处，也没有收入，非常可怜。从情理上来说，于某甲和于某乙应该感激朱某，是她帮助他们分担了照顾父亲的重任，让他们得以在外地安心工作。他们应该让朱某继续居住在父亲的房屋，而不应该以没有结婚证来为难朱某。而且，于某甲和于某乙都是受过高等教育的人，如果被邻居知道朱某是被他们赶出来的，肯定会招致笑话和骂名。相反，如果他们把朱某的晚年安置好，一定会得到邻居的赞美。经过调解员的再三劝说，于某甲和于某乙最终答应让朱某继续居住在父亲的房屋中，直到朱某再婚或独身去世。

在劝说了于某甲和于某乙之后，调解员又来到朱某面前，劝说朱某态度要缓和一些。虽然朱某与于某某生活了多年，但是，两人毕竟没领结婚证，于某某的遗嘱又是无效的，现在的情况对朱某而言是不利的，故调解员建议朱某放弃补偿要求。

经过调解员的调解，双方最终达成协议，纠纷得以化解。

调解结果

经过调解，双方达成以下协议：

1. 于某甲和于某乙同意朱某对于某某房屋享有居住权，并按照

《民法典》有关居住权的规定为其办理相关登记手续；

2. 朱某放弃向于某甲和于某乙索要关于照顾于某某的补偿。

案例点评

在本案的调解过程中，一开始，调解员采取了面对面的调解方式，但因双方当事人的态度都非常强硬，调解工作无法继续进行。此时，调解员开始分别劝说双方当事人，从法律、情理和道德的角度出发，对于某甲和于某乙晓之以理，动之以情。同时，调解员采取褒扬激励的方法，利用于某甲和于某乙受过高等教育的身份背景，进一步说服他们答应允许朱某继续居住在争议房屋中。最终，经过调解员的努力，矛盾及时得到化解，朱某也最终实现了老有所居。

四、合同纠纷

案例15　刘某与某快递公司合同纠纷调解案

案情简介

2023年6月，刘某正在外出差，好朋友金某突然发来消息，表示自己要结婚了，婚礼就在下周。刘某虽然很想去参加，但还要半个月才能结束工作，只能遗憾地表示自己无法到达婚礼现场。为了弥补这一遗憾，出差结束后，刘某决定给金某一个惊喜，准备将自己收藏的一款价值6000元的首饰作为新婚礼物送给金某。刘某预约了上门取件服务，并叮嘱快递员一定要将快递亲手交给金某。

几天后，刘某查询快递信息时，发现首饰显示已经被签收了。于是，她拨打了金某的电话询问，却得知金某现在正和丈夫在外旅游不在家，快递应该是放在家门口的鞋柜上了。刘某连忙联系快递公司，查询快递的具体情况，被告知该件快递已经丢失。对此，刘某感到十分气愤，要求快递公司进行赔偿。但快递公司表示，刘某在寄快递时并没有购买保价服务，快递公司只能赔偿三倍快递费即75元。而刘某则表示，自己对保价服务毫不知情，应当由快递公司承担说明不清的责任。双方就此问题僵持不下，互不让步，最终来到某市某区人民调解委员会（以下简称调委会）寻求调解。

调解过程

调委会接到调解申请后，立即安排调解员展开了调解工作。调解员先向刘某、某快递公司以及负责收件和派件的快递员了解了事情的具体经过。刘某与该快递公司对首饰已经丢失的事实均予以认可。对于过错分担问题，该快递公司表示，负责派件的快递员经常为金某送快递，金某平时上班不在家时就让快递员将快递放在门口，一直以来从没丢过件。这次丢件的原因主要是刘某并未确认金某能否及时领取快递导致的，应当由刘某承担主要责任。况且，快递公司提供了保价服务，相关内容在快递单上都有写明，刘某未购买保价服务，就不能要求快递公司按照首饰的原价进行赔偿。

对于快递公司的言论，刘某给出了不同的说法。她表示，她已经叮嘱快递员一定要将快递亲手交到金某手上，而负责派件的快递员在快递到达后，并没有电话或短信通知金某，直接将快递放到门口，未尽到快递员应尽的责任。而刘某本人很少使用快递寄件，对保价服务一无所知。而收件的快递员也并未对保价服务进行说明，这属于快递公司培训不到位，应当由快递公司承担主要责任。

由于刘某与该快递公司的态度都比较激动，互不相让，调解员决定采取“背对背”的方式进行调解。调解员先提出了《民法典》第八百三十条的规定：“货物运输到达后，承运人知道收货人的，应当及时通知收货人，收货人应当及时提货。收货人逾期提货的，应当向承运人支付保管费等费用。”以及《快递暂行条例》第二十五条的规定：“经营快递业务的企业应当将快件投递到约定的收件地址、收件人或者收件人指定的代收人，并告知收件人或者代收人当面验收。收件人或者代收人有权当面验收。”该快递公司的派件员在送达快递时，不仅没有告知接收人当面验收，也没有采取任何方式通知金某，致使金某不知道快递到达而未能及时取件。因此，该快递公司应当为丢件承担相应的责任。

同时，调解员向该快递公司的负责人解释了《快递暂行条例》第二十一条的规定：“经营快递业务的企业在寄件人填写快递运单前，应当提醒其阅读快递服务合同条款、遵守禁止寄递和限制寄递物品的有关规定，告知相关保价规则和保险服务项目。寄件人交寄贵重物品的，应当事先声明；经营快递业务的企业可以要求寄件人对贵重物品予以保价。”同时，该快递公司在快递单上写明的保价服务的相关条款，属于预先拟定的格式条款。《民法典》第四百九十六条第二款规定：“采用格式条款订立合同的，提供格式条款的一方应当遵循公平原则确定当事人之间的权利和义务，并采取合理的方式提示对方注意免除或者减轻其责任等与对方有重大利害关系的条款，按照对方的要求，对该条款予以说明。提供格式条款的一方未履行提示或者说明义务，致使对方没有注意或者理解与其有重大利害关系的条款的，对方可以主张该条款不成为合同的内容。”对于该快递公司来说，其有义务在寄件人寄送快递时对保价服务进行说明，并提醒寄件人可以对贵重物品进行保价。由于该快递公司并未尽到提醒和说明义务，因此不能免除其对丢件进行赔偿的责任。

听了调解员的说明，该快递公司的负责人有了一些犹豫。调解员趁热打铁，表示通过调解解决纠纷更为快速，对快递公司更有利。如果不接受调解，刘某肯定会提起诉讼，到时不仅诉讼流程长，对快递公司的经营也有影响。于是，负责人同意对刘某进行赔偿，但认为刘某同样需要承担责任，不同意赔付全款。

调解员又对刘某进行了劝说，他表示，《快递暂行条例》第二十一条第二款中规定“寄件人交寄贵重物品的，应当事先声明”，刘某作为寄件人，没有事先声明，存在一定的过错，所以也需要对丢件的结果承担一部分责任。

最终，在调解员的调和下，刘某与该快递公司就责任分配比例达成协议，双方握手言和。

调解结果

在调解员的见证下，刘某与某快递公司达成调解协议，协议内容如下：

某快递公司承担首饰丢失的70%责任，向刘某赔偿4200元；刘某自行承担首饰丢失的30%责任。

案例点评

在本次调解中，当事人之间纠纷的关键点在于快递公司与寄件人之间关于快递丢失这一结果的责任分配。为了能够解决当事人的矛盾，调解员采取了法治教育的方式，针对矛盾的焦点援引法律规定，从法律的角度剖析当事人双方的责任，使当事人心服口服。调解员在进行调解时，要注意将法律规定融入调解过程中，使当事人不仅能够体会到调解过程的人性化，还能感受到法律的公平公正。

案例16　李某与梁某合同纠纷调解案

案情简介

李某原是某酒吧的调酒师。2022年2月，李某从酒吧辞职来到某市，打算盘一个门店做一些小生意。李某的表弟周某与该市本地人梁某是同学。周某在一次朋友聚会时向梁某谈起表姐李某想要在当地做生意的想法，梁某便告知周某，自己手里有一家实体店铺，旗下还有20多个名为“桑叶”的网店，可以转让给李某。于是周某联系了李某，与梁某见面详谈此事。

李某与梁某在协商时达成口头协议，由李某支付梁某转让费共计17万元，这笔转让费包括实体门店的租金、押金，网店“桑叶”的所有权、经营权及“桑叶”名称的所有权、使用权等所有与经营店铺有关的物品及权利。出于与周某的朋友关系，梁某与李某没有订立书面协议，因实体店铺原为梁某承租，所以双方只是在《店铺转让合同》上签字，并将实体店铺的租金、押金写入其中，即“李某承租位于某市某区某路某号店铺，李某向梁某支付剩余房租8500元及押金3000元”。按照双方口头的约定，该协议中房租及押金包含在17万元转让费中。事后，李某以银行转账的方式向梁某支付17万元。

之后，李某正常经营着实体门店及网店“桑叶”。因网店“桑叶”后台注册名为梁某，该网店经营的流水也是先打入梁某的账户，再由梁某转账给李某。李某认为尽快将网店后台的用户名更改为自己比较方便，便向梁某提议进行更名处理。但是梁某拒绝将网店后台的用户名更改为李某，称双方在协商时承诺的只是将网店的经营权转让给李某，附赠“桑叶”名称的使用权，17万元是转让网店经营权及“桑叶”名称使用权的费用，并且对于《店铺转让合同》中所转让的实体店铺，李某尚欠梁某剩余房租8500元及押金3000元。

李某因此与梁某多次发生争吵，告知梁某要么将转让费17万元退还，要么兑现转让网店所有权、经营权及“桑叶”名称所有权及使用权等承诺。为了能尽快解决此事，2022年6月5日李某委托某市某区某街道人民调解委员会（以下简称调委会）进行调解。

调解过程

调委会接到李某的申请后，及时联系了另一位当事人梁某。梁某表示愿意调解。调解员经过与双方当事人交谈和调查后，发现李某与梁某二人之间的矛盾主要集中在他们签订的《店铺转让合同》是否包含网店的所有权、经营权、“桑叶”网店名称的所有权及使用权等与店铺经营相关的权利上。李某主张包含这些权利，理由是17万元的店铺转让费过分高于市场价格，而且双方在当初商谈此事时，李某对谈话内容作了录音，当时梁某明确表示17万元包含转让实体店铺、网店的所有权和经营权、“桑叶”网店名称的所有权、使用权等所有与店铺经营有关的物品及权利。而梁某则主张双方签订《店铺转让合同》后，李某尚欠其剩余房租8500元及押金3000元，李某所交付的17万元只是转让网店经营权及“桑叶”名称使用权的费用，并不包含网店所有权及“桑叶”名称的所有权。

调委会讨论后认为：李某的主张可以得到支持。调解员曾到店铺所在地附近调查过其他店铺转让的费用，是6万元至9万元，可见李某与梁某签订的店铺转让费高出市场价格很多。而且，依据李某提供的录音证据及店铺经营情况等证据材料，可以认定李某与梁某协商时梁某确实说过17万元包含实体店铺、网店的所有权与经营权、“桑叶”网店名称的所有权及使用权等与经营店铺相关的费用。依据我国《民法典》第七条、第一百一十九条、第四百六十九条、第五百零九条及第五百七十七条规定，合同有书面形式及口头形式，当事人应遵循诚实信用原则，按照约定全面履行自己的义务，若一方当事人不履行合同义务，应当承担继续履行、采取补救措施或者赔偿损失等违约责任。

调解员根据法律法规对梁某进行劝说。调委会工作人员第一次找到梁某时，梁某坚称当时约定的就是17万元为转让网店经营权及“桑叶”名称使用权的费用，并不包含网店及“桑叶”名称的所有权，而且李某尚欠其房租及押金没有交付。第二次，调解员带着周某及店铺的原工作人员来找梁某，他们都能证明李某与梁某协商时的约定。调委会人员又向梁某播放了录音，并告知其《民法典》的相关规定，梁某面对录音证据、证人证言以及法律的规定，放弃了坚持，最终在调委会的主持下与李某达成了调解协议。

调解结果

梁某与李某当场达成调解协议，约定：

1. 梁某履行与李某的约定，变更网店后台用户名，承认李某对网店拥有所有权、经营权及“桑叶”名称的所有权及使用权；

2. 梁某不再向李某主张店铺剩余租金及押金。

案例点评

本案能够成功调解的原因主要有以下几点：一是调委会工作人员事先充分了解了当事人双方矛盾发生的详细过程，对矛盾的起因进行分析，找到了调解的突破口——劝解梁某。二是李某掌握了充分证据，能够证明店铺转让时与梁某所做的约定，明确双方的权利义务关系。三是调委会工作人员在调解前对周边店铺转让费用的价格进行调查，发现店铺转让费用过高，可以间接证明李某所说的事实。四是调委会工作人员找到了相关证人，让与双方都有关系的第三方介入，更有利于纠纷的解决。

本案的成功调解维护了合同中守约方的合法权益，维护了诚实信用原则在合同约定中的基础地位。

案例 17 陆某与肖某合同纠纷调解案

案情简介

肖某打算购买一辆二手车。经朋友介绍，肖某得知陆某有一辆二手车正在出售，遂通过朋友提供的联系方式联系到陆某，表达了自己买车的意愿。经过两人的协商，陆某最终决定以 9.7 万元的价格将该车辆出售给肖某。当天，肖某向陆某支付了 2 万元，并口头约定剩余的 7.7 万元将在三个月内分期支付完毕。陆某因肖某是朋友介绍来的，便对他比较信任，同意了分期支付的请求。

三个月后，肖某所欠的车款仍有 5 万元没有付清。陆某多次通过打电话、发消息的方式催要，但肖某总以“手头紧”等名义向后拖延。不知不觉间，距离陆某卖车已经过去了半年，但肖某欠的 5 万元车款仍然没有音信。无奈之下，陆某于 2023 年 5 月 16 日带着与肖某签订的购车合同以及双方这半年多来的沟通记录，来到某市某区某街道人民调解委员会（以下简称调委会），请求帮助调解。

调解过程

调委会接到陆某的调解申请后，向他详细地了解了具体情况。了解完案情后，调解员随即与肖某联系，肖某也表示愿意接受调解。陆某向调解员提出，除了要求肖某支付所欠车款外，还要求他支付这半年的逾期利息。听了陆某的要求，肖某顿时不乐意了。他表示自己与陆某签订购车合同时并没有约定逾期利息，陆某此时提出这一要求没有法律依据。而陆某态度也比较强硬，一时间双方僵持不下，调解暂时停滞不前。

为了能够让调解顺利进行，调解员决定将两人暂时分开，分别进行劝说。调解员决定首先做通肖某的思想工作，以肖某作为突破点来解决两人的纠纷。面对调解员，肖某诉说了自己无法还清所欠车款的理由。他表示自己家这半年遇到了不少困难，家中老人生病，孩子上学，都需要用钱，并不是故意想拖欠车款的。而陆某提出逾期利息的要求完全是不合理的，他无法接受。

调解员对肖某家中的情况表示了理解，同时指出《民法典》第五百八十二条规定：“履行不符合约定的，应当按照当事人的约定承担违约责任。对违约责任没有约定或者约定不明确，依据本法第五百一十条的规定仍不能确定的，受损害方根据标的的性质以及损失的大小，可以合理选择请求对方承担修理、重作、更换、退货、减少价款或者报酬等违约责任。”虽然陆某与肖某在合同中并未约定逾期利息，但对于陆某来说，肖某迟延付款的几个月中，利息是最为直接的损失，他有权要求肖某承担这部分损失，因此他的要求是合理的。在调解员的说理下，肖某逐渐理解了陆某的要求，但还是提出希望陆某能够放弃逾期利息，并承诺自己一定会尽快将欠款还清。

另外，调解员也在劝说着陆某。调解员将肖某家中的情况向陆某进行说明，并表示肖某已经作出了会尽快还款的承诺，建议陆某降低逾期利息的数额或干脆放弃逾期利息。见陆某有些犹豫，调解员又进一步劝说道，他目前也需要用钱，如果放弃逾期利息能够让他尽快要回欠款，对现在的他来说更为有利。听了调解员的话，陆某也考虑到与肖某间还有中间人朋友这一层关系，最终作出了让步，同意放弃逾期利息，但要求肖某必须在半个月内将欠款还清。

调解结果

在调委会的主持下，陆某与肖某达成调解协议，内容如下：

肖某于2023年5月16日当日向陆某支付1万元，剩余的4万元于2023年5月31日前付清。

案例点评

本案是一起因买卖二手车而引起的买卖合同纠纷，在现实中比较常见。本案的焦点在于当事人之间对于逾期利息的争议，调解员一方面向肖某解释其支付逾期利息的合理性与合法性，另一方面则通过陆某目前的实际需要来对其进行劝说，最终使陆某放弃了逾期利息，从而迅速解决了纠纷。

案例18 郑某与刘某合同纠纷调解案

案情简介

2022年3月，郑某在某省某市找到工作后，开始寻找住房。她在某网站上看中一处正在出租的房屋，距离工作地点很近，而且价钱也比较合理。于是，郑某便拨打了电话，接电话的是房产中介小于。小于先带郑某看了房，看完房后郑某确定要租，小于便打电话联系了房主刘某。

在中介小于的联系下，郑某与刘某在房产中介公司的门店签订了《房屋租赁合同》，约定由郑某承租刘某的房屋，租期一年，即2022年3月18日至2023年3月17日，月租金1200元，押金1200

元，房租每三个月交一次，由郑某通过支付宝转账的方式付款。签订合同后，刘某将钥匙交给了郑某，郑某支付了三个月房租和押金，并于次日入住。

在到了交纳最后一期房租的时候，郑某没有按时交纳，刘某便通过微信向她催要房租。郑某告诉刘某，因春节有一大笔开支，所以暂时凑不够钱交房租，让刘某宽限一个星期，刘某答应了。一个星期后，郑某还是没有交，刘某再次催要，郑某又找出其他借口，一直拖延到 2023 年 3 月房屋租赁合同到期。

因合同到期，刘某向郑某催收出租房屋并讨要拖欠的房租，但郑某同样找出各种理由拒绝交房租并强行占有房屋。无奈之下，刘某找到房产中介公司，要求他们解决此事。中介小于给郑某打电话，劝解未果，便建议刘某向某市某区某街道人民调解委员会（以下简称调委会）申请调解。

调解过程

2023 年 6 月 13 日，刘某到调委会申请调解。调解员电话联系了郑某，得知其同意调解，随后便要求刘某提交了相关的证据，包括身份证、房产证、房屋租赁合同，确认这些证据材料真实有效后受理了本案。

调委会受理本案后，开始做调解前准备工作。调解员经过调查得知，郑某因工作失误，试用期结束后就离职了，现在没有固定工作，收入不稳定，不能及时支付房租，因此导致纠纷的发生。调解员掌握纠纷起因后，经过认真分析，整理出本案的矛盾焦点：一是郑某能否向刘某补交所欠房租；二是郑某能否搬出涉案房屋。明确争议焦点后，调解员制订了相应的调解方案，联系双方当事人进行正式的调解。

2023 年 6 月 18 日，刘某与郑某依照调解员的安排，来到调委会的调解室。调委会同时将房产中介公司的小于及经理吴某请到了调委会。首先，调解员告知当事人调解程序中的权利义务，大家点头表示已经知晓。随后，调解员向郑某核实租房的事实及拖欠房租的情况，并询问郑某原因，郑某一一作出了回答。核实完案情后，调解员向郑某讲解了我国法律中有关房屋租赁的规定。《民法典》第七百二十一条规定："承租人应当按照约定的期限支付租金……"第七百二十二条规定："承租人无正当理由未支付或者迟延支付租金的，出租人可以请求承租人在合理期限内支付；承租人逾期不支付的，出租人可以解除合同。"第七百三十三条规定："租赁期限届满，承租人应当返还租赁物。返还的租赁物应当符合按照约定或者根据租赁物的性质使用后的状态。"调解员告知郑某根据上述规定应向刘某支付2023年1月至3月的房屋租金共3600元，同时还应支付因其违约给刘某造成的经济损失即三个月的房屋租金共3600元，并且郑某还需及时搬出该房屋。

此时，房产中介公司的经理吴某又拿出双方当时签订的《房屋租赁合同》，指出合同中违约责任条款，即若承租方违反约定，未能按时交纳房租，出租方有权解除合同，承租方交纳的押金不予退还；并称，如果郑某拒绝交纳房租，则会在房产中介公司的诚信记录名单上留下不良记录，影响以后租房。

郑某听后，承认拖欠房租的事实，哭诉自己没有固定的经济来源，无力支付租金。看到这种情况，调解员先是安慰郑某，稳住了她的情绪，然后跟其讲道理，称如果不支付租金，刘某提起诉讼，她执意不还就可能会被列入失信被执行人名单，将给她今后的生活造成极大的不便。

郑某得知拒不交纳房租的不利后果之后，一改之前的态度，同意搬出房屋并交纳拖欠的房租，但称自己一时拿不出这么多钱，让调解员询问刘某能否少支付部分房租，并分两次付清。刘某一开始不同意，但在调解员的耐心劝说下最终同意在房租上给予减免。

在调解员的努力下，双方达成一致，签订了调解协议。

调解结果

郑某与刘某签订了调解协议，内容如下：

1. 郑某于调解协议达成七日内搬离出租房，并将房屋退还给刘某，且须保证出租屋内的设施完整无损，如有损坏郑某负责赔偿；

2. 郑某应向刘某支付租金及违约金共计 6000 元，其中 3600 元于 2023 年 6 月 28 日前给付，剩余 2400 元于 2023 年 7 月 15 日前给付；

3. 刘某无须退还郑某 1200 元房屋押金，应配合郑某做好退房事宜。

为确保协议顺利履行，在征得双方当事人同意的情况下，调解员带领二人申请了司法确认。

案例点评

本案纠纷的起因主要是承租方郑某缺乏法律知识导致的，她认为即使自己不交纳房租，出租人刘某对她也无计可施，更不能将她赶出房屋，让她露宿街头。掌握了郑某的心理后，调解员采取了摆道理、讲法律的方法，告知其拒不交纳房租会面临法律上的不利后果，即被列入失信被执行人名单，对郑某起到了震慑作用，改变了她的侥幸心理。此外，调解员还采用了动员多种力量协调解决的方法，将房产中介公司的经理吴某及员工小于一同请到调委会，由吴某告知郑某违反合同需要承担的违约责任及不良信用记录影响以后租房的问题，劝说郑某及时交纳房租。在得知郑某的困难后，调解员又帮其向刘某求情，减少了其本应支付的钱款，并分期付款，使其负担减轻，从而使本案得以成功调解。

案例19 田某与谷某合同纠纷调解案

案情简介

2022年4月，某市某区某镇某村村民田某参加朋友的婚礼时，认识了方某。通过聊天，田某得知方某一直从事蚂蚱养殖，收益相当不错。方某告诉田某养殖蚂蚱需要喂养牧草，如黑麦草、皇竹草、苏丹草等。田某想到向方某提供牧草会是一笔赚钱的营生，便向方某提出建议，由自己来给方某提供牧草，方某支付相应的报酬。方某因需要大量的牧草，听说田某可以提供，便欣然同意了。

田某回到家里后，开始筹划耕地种草的事情，但田某家中只有2亩地，满足不了方某对牧草的需要。而此时同村的谷某正有一块开荒的土地没有耕种，面积约5亩。田某知道后找到谷某，向谷某陈述了自己想要承包土地种牧草，供应方某蚂蚱的养殖。谷某听后，同意将该块土地转包给田某。2023年5月，田某与谷某两人就土地转包达成了协议，签订了《土地转包合同》。合同中双方约定由田某承包谷某的5亩土地，期限为两年，转包费用为10600元。

谁知，2023年6月，谷某转包给田某的土地被划为某公园保护区的范围，国家政策规定保护区范围内所有的土地一律停止耕种，所以尽管田某承包了这块土地，但不能再进行耕种了。为此田某找到谷某，要求解除《土地转包合同》，并退还10600元的土地转包费。田某多次找谷某协商解决此事，谷某都避而不见，还找出种种理由拒绝。

无奈之下，2023年6月28日田某向某市某区某镇人民调解委员会（以下简称调委会）申请调解。

调解过程

调委会接到田某的调解申请后，对本案高度重视，并征得谷某同意进行调解。随后，调委会制订了调解计划：首先对涉案土地是否属于某公园保护区范围进行确认；其次对田某与谷某签订的《土地转包合同》是否有效进行核实；再次联系当事人，全面了解案情，找出矛盾产生的主要原因；最后制订调解方案，促成双方调解。

2023年6月30日，调委会派两名调解员到谷某转包的土地附近察看情况。经过调查，调解员确认涉案土地确属某公园保护范围，并将调查结果告知田某。田某认可调查结果，并再次向调解员表示：因自己着急向方某供应牧草，在签订合同后马上就购买了种子和化肥，但难以预料的是这么短的时间内这块土地竟然被规划到了某公园保护区范围；按照国家政策的要求，这块地已经不能再进行耕种，承包这块土地不但没有带来收益，反而让自己遭受了损失，因此谷某必须返还10600元转包费，并赔偿自己的损失。

之后，调解员又找到了谷某。谷某向调解员解释：田某在签订合同后，向自己借用了耕种工具，现在仍有一台播种机、一台犁杖、一台割草机尚未归还。同时，田某在使用播种机时，因操作不当使播种机不能正常运作，应当支付自己维修播种机的费用1000元。谷某称若田某归还所有借用的物品并支付1000元维修费就将转包费返还给他。

在了解了双方的意愿后，调解员对案件的调解方向进行了研讨，制订出了调解方案。

2023年7月2日，调解员将田某与谷某约到镇调委会进行调解。调解员看出两人都有调解意愿，只是双方心里都憋着火气，哪一方都不愿意先低头，于是耐心地向双方进行了解释：谷某转包的土地被划为保护区范围，意味着田某签订转包合同的目的不能实现。《民法典》第五百三十三条规定："合同成立后，合同的基础条件发生了当事人在订立合同时无法预见的、不属于商业风险的重大变化，继续履行合同对于当事人一方明显不公平的，受不利影响的当事人可以与对方重新协商；在合理期限内协商不成的，当事人可以请求人民法院或者仲裁机构变更或者解除合同。人民法院或者仲裁机构应当结合案件的实际情况，根据公平原则变更或者解除合同。"而田某和谷某签订合同后所发生的事项恰好符合该条规定，田某是可以要求解除合同的，如果谷某坚决不同意解除合同，田某可以起诉到法院请求解除。

针对田某损坏谷某播种机的问题，调解员指出《民法典》第二百三十七条规定："造成不动产或者动产毁损的，权利人可以依法请求修理、重作、更换或者恢复原状。"田某操作不当而损坏了谷某的播种机，应当承担维修播种机的费用。

见调解员提出了明确的法律规定，两人都觉得自己存在不合理、不合法之处，因而都做出了让步，并当场签订了调解协议。

调解结果

田某与谷某于调解当场达成调解协议，并签订调解协议书，内容如下：

1. 田某在当天将播种机、犁杖、割草机送还谷某；
2. 谷某于 2023 年 8 月 1 日前将土地转包费 10600 元返还田某；
3. 田某于 2023 年 8 月 1 日前支付播种机维修费 1000 元。

案例点评

本案主要适用的是法律上的“情势变更原则”。所谓情势变更，通俗来讲，是指合同成立后，不因当事人自己的原因而发生情势变更，从而导致一方合同目的不能实现或者继续履行会显失公平，因此允许变更合同内容或者解除合同。调解员准确地适用了《民法典》关于情势变更原则的规定，恰到好处，为促成双方当事人解除合同奠定了基础。

在解释完合同问题后，调解员对谷某的维修费赔偿要求同样适用了法律的规定，即通过《民法典》的规定指出谷某要求田某对损坏的播种机进行赔偿是合理、合法的要求，田某应当赔偿。

调解员针对双方关注的焦点，一一使用了正确的法律规定来进行解释，使双方认识到“依法应当怎么办”，并接受了调解方案。可见，在调解工作中，调解员掌握并正确运用法律规定，对促成调解具有很大的意义。

五、生产经营纠纷

案例20　侯某等人与某商贸公司生产经营纠纷调解案

案情简介

2022年4月，某省某市某县某镇某村的侯某和刘某等22名村民与村委会签订了一份土地承包合同，承包了村里的一块土地，用来养殖奶牛，经营牛奶销售业务。

在养殖场成立初期，生产的牛奶大多提供给村民个人或学校食堂，销售范围比较窄。2023年3月，侯某经人介绍认识了某商贸公司的代理人纪某。在与纪某商谈后，侯某等人与商贸公司签订了牛奶销售合同，约定由该公司负责收购养殖场的牛奶。

2023年5月，养殖场按照合同约定向商贸公司提供了牛奶，货款合计为35万元。收到货物后，商贸公司的负责人郑某告知侯某待牛奶销售出去，买方支付货款后就立即将35万元打到侯某提供的账户，并让代理人纪某、黄某做了担保。

然而，截至2023年8月，商贸公司一直都没有支付货款。为此，侯某等人多次来到商贸公司找郑某协商解决此事，但郑某、纪某及黄某找各种理由推脱，拒绝支付货款。侯某等人几次索要货款无果，无奈之下于2023年9月2日来到某县某镇人民调解委员会（以下简称调委会），请求对他们与某商贸公司生产经营纠纷一案进行调解。

调解过程

调委会收到调解申请，向侯某等人详细地询问了案件的情况。侯某等人提出，要求商贸公司履行合同义务，向侯某等人支付35万元货款及在索要货款过程中产生的费用，如误工费、差旅费等，由纪某、黄某承担连带责任。在侯某等人陈述完后，调委会得知本案涉及人员较多，涉案金额较大，可能会在当地产生一定影响，因此对本案非常重视。调委会通过电话联系到商贸公司负责人，得知其愿意调解，于是告知双方当事人已经受理此案，但在调解前需要进一步了解案情，对案件进行研究分析，制订调解方案后再组织双方进行调解，请他们等待调委会的通知。

调委会受理此案后，派出两名调解员到商贸公司调查情况。经查，商贸公司确实存在拖欠侯某等人货款的事实。商贸公司负责人郑某称，公司将牛奶交付给A公司，但因合同违约问题被A公司提起诉讼，A公司在起诉时向法院提交了财产保全申请，商贸公司的部分账户被冻结了，致使该公司资金紧张，无法及时向侯某等人支付货款。调解员告知郑某，我国《民法典》第五百零九条第一款规定："当事人应当按照约定全面履行自己的义务。"《民法典》第五百七十七条规定："当事人一方不履行合同义务或者履行合同义务不符合约定的，应当承担继续履行、采取补救措施或者赔偿损失等违约责任。"郑某听后，承认存在拖欠货款的行为，但表示公司现在确实无力偿还。

在了解完情况后，调委会组织召开了研讨会，确定了本案的争议焦点：一是商贸公司承认拖欠货款的行为，但是无力支付，应如何解决；二是商贸公司代理人纪某、黄某等人是否应对此承担连带责任。确定争议焦点后，调委会制订了调解方案。随后由调解员到法院进行咨询，询问如果商贸公司不支付货款，侯某等人该如何维护自身的合法权益。在法院值班的律师帮助调解员解答了疑问，并同意参与案件的调解工作，提供相应的法律帮助。

之后，调解员和律师再次来到商贸公司找郑某协商，并耐心细致地给郑某讲解相关法律，告知其无论是被 A 公司起诉，还是公司资金紧张，都不能免除向侯某等人支付货款的义务，否则可能会面临侯某等人提起诉讼的局面。律师还称如果侯某等人提起诉讼则胜诉概率很大，到时候案件进入强制执行阶段，商贸公司及法定代表人就会被列入失信被执行人名单，既影响公司声誉，又影响郑某的生活。郑某听后表示会尽快想出解决办法。

接着，调解员找到了代理人纪某和黄某，确认两人为商贸公司的代理人，对侯某等人与商贸公司签订的销售合同拥有代理权，而且对商贸公司的债务负有连带责任。经过调解员的劝说，纪某、黄某二人也同意参与调解。

调解员与各方协调了时间，定于 2023 年 9 月 14 日在调委会进行调解。调解如期进行，并顺利达成调解协议。

调解结果

侯某等人与商贸公司达成一致意见并于当日签订调解协议：

1. 商贸公司同意自行拆借资金向侯某等人支付 60%的货款，金额为 21 万元，于 2023 年 9 月 30 日前付清，剩余 40%货款于 10 月 31 日前付清；

2. 纪某、黄某对商贸公司所欠侯某等人的债务承担连带责任。二人先行垫付 3 万元，该 3 万元最终从商贸公司支付的货款中扣除；

3. 侯某等人保证在商贸公司支付货款的期间内不得以索要货款为由做出有损商贸公司声誉的行为。

案例点评

本案是生产经营纠纷中比较常见的拖欠货款纠纷，案情虽然简单，但调解工作也存在较大的压力，主要是涉及人数较多，如果调解不成功，很有可能引发群体性事件。

本案的成功调解，有一个重要的原因是调解员及时向其他部门寻求帮助，运用了动员多种力量协调解决的方法。调解员去法院进行咨询，并请来值班律师参与调解工作，将律师的专业法律知识和调解员丰富的社会经验和基层工作经验相结合。同时，调解员在调解过程中对案情进行分析研讨，总结争议焦点，制订调解方案，使得调解工作有步骤、有条理地进行下去，促成了本案的调解。

案例 21　韩某与某公司生产经营纠纷调解案

案情简介

韩某是某省某县某村的村民，承包了村里的几亩土地，靠种植农作物维持生计。2023 年 3 月，在韩某的承包地附近，某公司以种植名义承包了村里的一块土地。但承包土地后，该公司没有进行种植业务，而是用两个月的时间在这块土地上建设了一个厂房，开始从事瓷砖生产经营。

这样一来，公司运输生产经营的材料及运送制作完成的瓷砖都会经过韩某承包的土地，这势必会对土地上的农作物造成破坏。而且，瓷砖生产会严重破坏耕地，影响农作物的生长。自公司建设厂房经营瓷砖生产业务后，韩某土地上的农作物已经受到了严重影响。

为解决此事，韩某找到该公司的负责人陈某，要求陈某拆除厂房，恢复土地原先的农业用途。但是陈某以与村委会签订了承包合同为由拒绝。在多次与陈某协商无果的情况下，韩某只好来到某县某镇人民调解委员会（以下简称调委会）请求调解，并要求村委会收回发包土地。

调解过程

2023年7月12日，调委会受理此案后，随即派出两名调解员向村委会调查核实相关情况。

调解员来到村委会，向村委会工作人员说明来意，村委会应调解员的要求提供了当时与该公司签订的土地承包合同。经过查阅，调解员确认承包合同中约定的土地用途是种植。在征得村委会同意的前提下，调解员将承包合同进行了复印。

拿到承包合同后，调解员又来到该公司承包的土地，对土地上厂房建筑进行拍照。然后，调解员找到了该公司的负责人陈某询问具体情况。原来，该公司承包土地的目的是想培植一些新品种的花卉，但是因土地的土壤类型及气候等原因，不适合这些花卉的种植。而公司已经与村委会签订了三年的承包合同，又不能将土地闲置，于是便与其他人合作，建了厂房，从事瓷砖的生产经营活动。

调解员听后，告知陈某在农耕土地上建筑厂房从事生产经营活动违反了法律规定，而且已经对韩某等农户的农业生产活动产生了不利影响，所以该公司要停止生产经营并将厂房拆除，恢复土地的原有用途。陈某听后表示并不知道不能将承包土地用于其他用途，还说现在厂房已经建设完成并投入使用，拆除会给公司造成一定损失，如果要拆除，村委会要给予相应的补偿。此时，调解员指出，我国《农村土地承包法》第十八条规定：“承包方承担下列义务：

（一）维持土地的农业用途，未经依法批准不得用于非农建设；（二）依法保护和合理利用土地，不得给土地造成永久性损害；（三）法律、行政法规规定的其他义务。”第六十三条规定：“承包方、土地经营权人违法将承包地用于非农建设的，由县级以上地方人民政府有关主管部门依法予以处罚。承包方给承包地造成永久性损害的，发包方有权制止，并有权要求赔偿由此造成的损失。”见调解员找出法律规定，陈某表示会同公司其他领导研讨此事再给予答复。调解员与陈某约定三天后再次来公司调解，希望陈某在这三天时间里好好考虑，尽快将厂房拆除。

三天后，调解员再次来到该公司。陈某表示已经同公司其他领导商议过了，同意将厂房拆除，但现在正在完成一笔订单，需要大约一个月的时间，希望在订单完成后再将厂房拆除。

调解员掌握了这些情况后，又将陈某和韩某约到了调委会，帮助双方协调此事。在调解工作进行前，调解员告知了双方权利义务，双方表示已经明确。陈某说为完成订单业务希望在一个月后再将厂房拆除，而韩某表示要立即拆除，双方互不相让。在双方僵持不下的情况下，调解员指出：该公司将农用地改为建设用地，违反了土地利用总体规划，必须将建筑拆除，恢复土地原状；而公司已经同意将厂房拆除，只是还需要一段时间完成订单业务，否则会给公司带来严重损失。调解员劝说韩某在时间上做出让步，并建议公司对韩某的损失承担赔偿责任。经过调解员的多次调解与劝说，双方对调解员的调解方案表示同意。

调解结果

在调解员的努力下，韩某与某公司达成一致意见，签订了如下调解协议：

1. 某公司在自调解协议签订后的一个半月内将厂房拆除，恢复土地原有用途，其间所产生的费用均由该公司承担；

2. 某公司于签订调解协议的三日内向韩某一次性支付 1 万元，用以赔偿公司建筑厂房经营瓷砖生产业务给韩某造成的农业经营损失。

两个月后，调解员进行回访，发现该公司已经将厂房拆除，并已经与村委会协商解除承包协议。

案例点评

本案是一起典型的因改变土地用途而引起的生产经营纠纷。这起纠纷得以成功化解主要依靠调委会起到调解作用，在韩某与该公司之间充当“和事佬”的角色。在调解过程中，调委会运用了抓住主要矛盾进行调解的方法，在公司不同意将厂房拆除的情况下，找出法律规定，让其明白自己的违法之处，并告知不拆除厂房将面临的不利后果。在公司同意拆除厂房后，调解员又说服韩某在争取相应赔偿的情况下，给予公司一定的时间，让公司完成订单后再将厂房拆除。

我国是农业大国，历来重视农业的生产和耕地的保护。随着农村企业的增多，违反承包或租赁合同约定而擅自更改土地用途的情况时有发生，如果不对这类行为加以规范，可能会造成土地管理混乱甚至环境污染等问题。而本案的成功调解为其他类似纠纷的解决提供了有效参考，同时也宣传了我国土地管理制度，引导人们在土地上合理合法地开展生产经营活动。

案例 22 钱某与魏某生产经营纠纷调解案

案情简介

钱某、魏某从某村承包了一片土地用于果园经营，经过两人的合作与努力，果园的收益越来越好。2020 年 4 月，钱某与魏某商议对果园业务进行划分，由钱某负责果园农产品的种植，由魏某负责农产品的运输与销售，果园的收益两人平均分配。但是，到了 2022 年 5 月，钱某与魏某因果园的业务分配及利润分红产生了较大争议，钱某认为种植业务太辛苦，自己应当适当多拿些分红；而魏某认为自己手中掌握了不少销售资源，通过这些资源农产品才能畅销，所以应当多拿分红。为此，两人发生争吵，甚至爆发了激烈冲突。

2022 年 7 月，钱某将自家的农用机动车停放在果园进出的必经之地，导致魏某不能正常运输农产品，两人互不相让，魏某只好报警。派出所的警察对此事进行调解，两人当时都答应要协商解决此事，但是从派出所出来以后，两人仍然没能达成一致意见。

2022 年 8 月 23 日，钱某再次阻碍魏某的货车进出，并组织果农与魏某对峙。无奈之下，魏某于次日来到某县某镇人民调解委员会（以下简称调委会），请求对其与钱某的生产经营纠纷进行调解。

调解过程

调委会接到魏某的申请后，指派两名调解员来到两人承包的果园。为避免双方矛盾激化，增加调解工作的难度，调解员对钱某进行了劝说，让他将自家农用机动车开走，告诉他这样根本无法解决问题，反而会让两人之间的隔阂更大，并将对峙的果园中的工作人员疏散开。经过调解员努力地劝说，钱某将自家农用机动车开走，同意让调委会进行调解，局势得到了控制。

次日，调解员先后找到魏某和钱某，详细地了解了事情的来龙去脉。原来在种植果园的前期，两人为了果园创收，共同进退，不分你我。在果园收益渐渐增多后，两人开始分工合作，由钱某负责果园的种植、施肥、采摘等经营活动，魏某负责联系沟通、运输、销售等业务活动。两人在果园运营中的作用都是不可替代的，但都觉得自己的功劳最大，应该多分红。产生矛盾的主要原因是收益分配的份额问题，实际上两人还是想继续合作。

了解了具体情况后，调解员请村委会主任、派出所民警、司法所主任及律师来到调委会，对本案进行分析研究，制订调解方案。在研讨完后，调解员总结各方建议：双方矛盾点在于利润分配的问题，因此需要在双方达成一致意见的基础上重新对利润进行划分。此次纠纷中钱某将自家农用机动车停放在果园进出的路口，阻碍魏某货车运输，尽管没有违反《治安管理处罚法》的相关规定，但已经对果园的经营业务产生了不利影响，对此，钱某应向魏某给予适当的经济补偿。

于是，调解员首先与钱某进行沟通，肯定钱某在果园种植业务上的贡献，同时也指出钱某阻碍货车进出行为的不当之处，虽然没有触犯法律法规，但是一方面耽误了果园创收，另一方面也伤害到了魏某，影响两人日后合作。调解员劝说钱某，如果想继续与魏某合作，需要做出让步，适当对魏某进行补偿，然后在利润分配问题上与魏某进行协商。钱某听后认识到自己行为的不妥，表示同意向魏某支付适当的经济补偿，并与其协商确定利润分配的份额。

随后，调解员找到魏某，向魏某转达了钱某的歉意，同时夸赞魏某在纠纷中没有“以暴制暴”，而是选择以向调委会申请调解的方式解决纠纷。之后，调解员步入正题，了解到魏某也想继续与钱某合作经营果园的意愿，劝说魏某适当地在利润分配上退让一步，避免出现像其他合作经营者一样因协商不成最终两败俱伤的后果。魏某表示既然钱某同意给予适当补偿，他也同意在利润分配上做出让步。

经过多次沟通，双方均表示愿意听取调解员的调解方案。随后，调解员积极劝说双方在利润分配上达成一致意见，最终使本案得以成功调解。

调解结果

2022 年 9 月 10 日，魏某与钱某来到调委会签订了调解协议，内容如下：

1. 钱某向魏某一次性给付人民币 3 万元，用以补偿钱某阻碍魏某货车进出给魏某造成的损失，该款项须在 2022 年 9 月 30 日前付清。

2. 钱某与魏某两人继续合作经营果园，在农产品销售旺季，钱某与魏某按每人 50%的比例进行利润分配；在农产品销售淡季，按钱某 60%、魏某 40%的比例进行利润分配。

调解协议签订完毕后，调委会告知双方可以向人民法院申请司法确认，以保障双方合法权益。钱某与魏某为确保调解协议的履行都同意向人民法院申请司法确认。

案例点评

本案矛盾的起因是钱某与魏某在利润分配份额上未能达成一致。对此，调解员运用了动员多种力量的方法，请到了村委会主任、司法所主任、派出所民警及律师，对纠纷进行分析，并制订出了调解方案。然后，调解员运用抓住主要矛盾进行调解的方法，劝说双方如果想继续合作就需要在分配份额上进行调解和让步，并在调解过程中促成双方重新订立了利润分配协议。

本案调解的难度在于调解前双方当事人已经处于对峙状态，如果调解工作不适当，可能会激化矛盾。认识到问题的严重性后，调解员在收到调解申请后迅速赶到现场，控制住了局势，避免造成群体性纠纷，为调解工作的展开做了关键性的准备。之后，调解员根据制订的调解方案耐心地对双方进行劝解，最终使得双方握手言和，继续共同经营果园，一场即将爆发的矛盾及时得到了化解。

案例23　冯某等人与某食品公司生产经营纠纷调解案

案情简介

冯某与姐夫顾某、表哥田某等六人在某市某区设立了一家食品加工厂，经营食品生产与销售业务。经过几年的发展，食品加工厂的业务不断拓展，为满足经营需求，食品加工厂与当地某供水公司签订了用水协议，约定由供水公司为食品加工厂提供生产经营用水，冯某等人按时缴纳水费。

在冯某家族的食品加工厂附近还有一家食品公司，自食品加工厂与供水公司签订了用水协议后，该食品公司在生产经营过程中就一直出现供水不足的问题，偶尔还会停水，严重影响了公司的生产经营。该食品公司经过几个月时间的排查才得知，是冯某家族的食品加工厂过度用水导致自己公司用水出现了问题，但该公司并不知道冯某等人与供水公司签订协议的事情。

2011 年 7 月，该食品公司的负责人就用水问题找冯某等人协商，要求他们控制用水。但冯某等人认为自己工厂是按照与供水公司签订的协议使用水量，其他人无权干涉，因此对该食品公司的要求并未理睬。该公司见冯某等人没有采取任何措施，再次上门理论，双方发生争执。随后，该食品公司通过其他手段致使冯某家族的食品加工厂因不能正常用水而停产，遭受了严重的经济损失。

自 2011 年 8 月起，冯某等人多次到某市某区政府、市政府以及该食品公司的上级单位信访，时间长达两年，但问题依然没有得到解决。

2023 年 8 月 9 日，冯某等人来到某市某区某街道人民调解委员会（以下简称调委会），请求对他们与某食品公司生产经营纠纷一事进行调解。

调解过程

调委会先对冯某等人的调解申请进行了登记受理，然后与冯某等人进行了沟通，详细地了解了本案的基本情况。在陈述完案情后，冯某等人告知调解员，他们信访已经有两年时间，主要诉求是想要某食品公司对他们的损失进行赔偿。

之后，调解员来到了该食品公司，该公司的赵经理负责接待。赵经理表示该起纠纷已经影响到了公司正常的生产经营及公司声誉，他们也希望尽快解决此事，但是冯某等人提出的赔偿数额过高，且缺少赔偿的事实依据和法律依据，公司是不会答应同他们私下解决赔偿问题的。同时，赵经理向调解员提议，让冯某等人通过提起诉讼的途径解决此事，如果冯某等人胜诉，拿到法院判决，公司对他们进行赔偿就有了法律依据，也可以给公司员工一个交代。

调解员了解双方的诉求后，组织调委会先行召开了一次研讨会，将双方的争议进行了分析与总结：一是冯某等人希望某公司对他们的损失进行赔偿，但该公司对赔偿数额不认可；二是某公司希望通过诉讼方式解决纠纷，但冯某等人因意见不统一始终未提起诉讼。对此，调委会认为在组织调解前有必要再和双方进行一次沟通。

调解员先来到某公司，向赵经理解释冯某等人的食品加工厂与供水公司签订了合法有效的用水协议，并且按照协议履行了付款义务，因此他们用水是合理合法的。至于该公司存在供水不足的问题，应当向供水公司追究责任，而不是擅自给食品加工厂断水。因断水给食品加工厂造成了损失，该公司应当承担赔偿责任。如果公司认为赔偿数额过高，调解员建议其通过调解的方式与冯某等人协商一下赔偿数额。

另外，调解员告知赵经理，在达成调解协议后，可以向人民法院申请对协议进行司法确认，经过司法确认的调解协议与法院判决书具有同等效力。听完调解员的解释后，赵经理也出于尽快解决问题的目的答应同冯某等人进行调解。调解员随即告知赵经理调解的一般过程及在调解中享有的权利、应当履行的义务等。

之后，调解员又找到冯某等人，表示某食品公司同意调解和进行赔偿，但是需要他们提供赔偿明细及相应的证据。冯某等人表示同意。

冯某等人整理出赔偿明细和证据材料，调委会对这些材料进行审查，发现有些赔偿项目缺少证据且部分证据存在瑕疵，不能明确证明该项损失的存在。调解员从这一点出发，劝说冯某等人本着解决问题的目的在损失赔偿方面做到实事求是。为促使调解顺利进行，调解员及时调整调解方案，要求冯某等人重新提供并整理证据材料，核实实际损失，确定损失赔偿的数额。在之后的调解过程中，调解员根据冯某等人提供的赔偿依据劝说他们适当降低赔偿数额，使双方的差距越来越小，最终调解成功。

调解结果

冯某等人的食品加工厂与某食品公司协商一致，于调解当日达成如下调解协议：

1. 某食品公司一次性赔偿某食品加工厂食品生产经营的损失费用共计 108.5 万元，于 2023 年 12 月 1 日前给付完毕。某食品公司不得再干扰食品加工厂在生产经营过程中的用水。

2. 冯某等人撤回食品加工厂在政府有关部门、某食品公司上级单位等处的投诉，配合该公司消除不利影响。

经过调委会的调解，双方达成一致意见，在调解协议上签名盖章，并向人民法院申请了司法确认。

案例点评

本案调解难度较大，如果想要成功化解，必须找到合适的调解方法。本案调委会运用了解决思想问题与解决实际问题相结合的方法，首先对某食品公司负责人赵经理进行劝说，告知他经过司法确认的调解协议与法院判决具有同等法律效力，让赵经理同意调解，而不必非要经过法院判决。然后，调解员再与冯某等人进行沟通，让冯某等人本着解决问题顺利拿到赔偿的目的，实事求是地列出赔偿明细并提供充分的证据加以证明。在确定赔偿数额方面，再由调委会组织双方进行调解，适当降低赔偿数额，缩小双方之间的差距，使得双方达成一致意见。

六、损害赔偿纠纷

案例24 孙某与李某、张某某、郭某等损害赔偿纠纷调解案

案情简介

2022年12月31日，高某受到朋友李某的邀请，前往某饭店聚餐。到场的还有两人共同的朋友张某某与郭某。由于郭某在国外工作两年，前几天刚刚回国，大家好不容易聚在一起，情绪都十分兴奋，互相劝酒，每个人都喝了不少。尤其是高某，他从前与郭某性格相投，这次久别重逢，两人还多喝了几杯。

聚会结束后已是深夜，意识较为清醒的李某与张某某提议要送高某与郭某回家。但高某醉酒后脾气很倔，坚称自己一个人能回家。朋友们拗不过他，只能帮他打了出租车。乘出租车快要到家时，高某觉得口渴，便在小区门口下了车，要去买水。但在深度醉酒的情况下，他已经无法控制自己的身体，一头栽倒在路边隐蔽的绿化带里。

高某的妻子孙某第二天醒来后，发现高某一夜未归，连忙给李某等人打电话。得知高某已乘坐出租车回家后，孙某立即动员亲戚朋友在小区附近寻找。当发现高某时，高某已经死亡，死亡原因为醉酒后呕吐物堵塞呼吸道所导致的窒息。高某出事后，孙某悲痛欲绝，认为对于高某的死亡李某、张某某、郭某三人要负责，要求他

们进行死亡赔偿与精神损害赔偿。而李某等三人认为，他们已经为高某打了出租车，是高某坚持要自己回家，他的死与他们无关。孙某与李某等人发生争执，最终来到某县人民调解委员会（以下简称调委会）申请调解。

调解过程

调委会接到申请后，立即安排了调解员与孙某等当事人对接。调解员先查看了高某的验尸报告以及饭店提供的聚餐当天的监控录像，随后向孙某与李某等人了解了事情的具体情况。由于孙某一方情绪较为激动，考虑到孙某刚失去丈夫的心情，调解员决定采取“背对背”的方式进行调解，并先到孙某家中探望她，使她放下心理防备，以便后续调解能够顺利进行。

面对悲痛欲绝的孙某，调解员并未急于展开调解，而是先让她发泄心中的情绪。待孙某情绪稳定后，调解员才开始询问她的诉求。孙某表示，丈夫高某与李某、张某某、郭某一同聚餐喝酒，既然高某已经喝醉，不具备控制自己行为的能力，其他人应当负责将他送回来，确保他安全到家。孙某认为，李某等人不仅没有将高某送回，事后也没有打电话询问高某是否到家，应当对高某的死亡结果负主要责任。

与孙某进行初步沟通后，调解员又联系到李某、张某某与郭某。三人表示，高某出来聚餐喝酒是他自愿的，他们并没有进行强迫，朋友多年未见一时高兴喝多了是很正常的。况且，是高某自己拒绝他们送他回家，而他们也确实为高某叫了出租车，已经仁至义尽了。他们能够体谅孙某失去丈夫的心情，但也不能因此将其丈夫死亡的结果归咎于他们。同时，李某等人还表示，出于多年的朋友情分，他们可以适当给孙某一些慰问金，但不认可自己需要对高某的死亡结果负责。

调解员指出，《民法典》第一千一百六十五条第一款规定：“行为人因过错侵害他人民事权益造成损害的，应当承担侵权责任。”从饭店的监控录像来看，李某、张某某、郭某等人对高某均有劝酒的行为，这表示他们对高某最终喝醉酒的结果都有着促进作用，需要承担一定的责任。而李某作为聚餐的组织者，更要起到保障聚餐人安全的责任，避免聚餐人过量饮酒。听了调解员的话，李某等三人认识到了自己的错误，也意识到自己需要承担的责任，表示愿意在责任范围内进行赔偿。

随后，调解员又联系到孙某，表示李某等人同意进行赔偿。但是，调解员又委婉地指出，高某作为成年人，应当能够意识到自己喝醉酒后可能发生的后果，从而控制饮酒量，避免喝醉。对于最后的结果，高某自己需要承担主要的责任。在调解员的耐心劝说下，孙某接受了这一结果，并表示愿意与李某等三人面对面协商最终的赔偿问题。

《民法典》第一千一百七十九条规定：“侵害他人造成人身损害的，应当赔偿医疗费、护理费、交通费、营养费、住院伙食补助费等为治疗和康复支出的合理费用，以及因误工减少的收入。造成残疾的，还应当赔偿辅助器具费和残疾赔偿金；造成死亡的，还应当赔偿丧葬费和死亡赔偿金。”第一千一百八十三第一款规定：“侵害自然人人身权益造成严重精神损害的，被侵权人有权请求精神损害赔偿。”调解员向孙某与李某等三人解释了上述两条规定，论证了孙某要求死亡赔偿与精神损害赔偿的合理性。同时，根据《最高人民法院关于审理人身损害赔偿案件适用法律若干问题的解释》第十四条的规定：“丧葬费按照受诉法院所在地上一年度职工月平均工资标准，以六个月总额计算。”以及第十五条的规定：“死亡赔偿金按照受诉法院所在地上一年度城镇居民人均可支配收入标准，按二十年计算。但六十周岁以上的，年龄每增加一岁减少一年；七十五周岁以上的，按五年计算。”最终，调解员根据当地的职工月平均工资标准以及城镇居民人均可支配收入标准，计算得出总计赔偿金额为 130 万元。

而根据高某以及李某、张某某、郭某对高某死亡结果各自承担的责任比例，孙某与李某等人进行了协商，并在调解员的见证下达成了调解协议。

调解结果

孙某与李某、张某某、郭某在调解员见证下达成调解协议，内容如下：

1. 李某、张某某、郭某对高某的死亡结果承担 20% 的责任，共同向孙某支付 26 万元赔偿。其中，由于李某为聚餐组织者，承担 10 万元赔偿；张某某、郭某各自承担 8 万元赔偿。

2. 对于上述赔偿金额，李某、张某某、郭某可以月为周期，分三期进行支付。

案例点评

此案调解的难点主要在于平息死者家属激动的情绪。调解员采取了背对背与面对面相结合的方式，避免死者家属情绪过于激动。在与死者家属进行沟通时，调解员运用“不破不立”的方法，适时引导其发泄情绪，从而达到使死者家属冷静思考的目的，最终成功完成调解，解决了双方的纠纷。

案例 25　宋某与吴某损害赔偿纠纷调解案

案情简介

宋某退休后一人在老家生活。定居在某市的儿子担心父亲在老家无法照顾好自己，便将他接到家中居住。宋某来到儿子家后，每天帮着买菜做饭、接送孙子上下学。

一天，他骑电动三轮车在一家海鲜门市买完东西准备倒车时，不慎撞上门市老板吴某的轿车，将轿车侧门油漆剐蹭掉了一小片。宋某连忙赔礼道歉，但吴某心疼自己新买的轿车，不依不饶。吴某听宋某口音是外地的，便说了几句难听话，宋某立马怒气冲冲地骂了回去。双方越吵情绪越激动，最后竟然上升到肢体冲突。

就在这时，宋某看见门市摊位上有一把剪刀，顺手拿了过来，想要逼迫吴某道歉。见吴某丝毫不肯让步，情急之下，宋某拿着剪刀向吴某刺去。吴某因躲闪不及，摔了一个趔趄，右颈被划伤的同时还磕破了鼻子。

看到吴某受伤后，宋某慌了神，吓得赶紧拨打了 120 急救电话。而吴某则忍着剧痛拨打了 110 报警。医生和警察几乎是同时到场的，急救车接走了吴某，警车也把宋某带走了。吴某在医院经过一周多的治疗，花了将近 20000 元。吴某出院时，经鉴定身体两处受伤，右颈开放性损伤，鼻骨粉碎性骨折，损伤程度为轻伤二级。

2023 年 2 月 11 日，某市某区检察院对宋某以故意伤害罪提起了公诉。2 月 18 日，区法院主审该案的白法官向区人民调解中心送达了一份调解函，指派该调解中心就该案的民事赔偿部分进行调解，调解中心将该案分派给某区某街道人民调解委员会（以下简称调委会）。

调解过程

接到指派调解函后，调解员立即联系了区法院的法官，并到法院进行阅卷，详细了解了吴某受伤的经过及争议的具体情况。之后，调解员联系吴某和宋某，听取了双方对案件事实的说明。

经查明：案发当日，宋某在吴某的海鲜门市买完东西后，准备倒车离开，但因为临近年关，买年货的人和车都特别多，宋某倒车技术不好，撞到了一个路人，双方发生了争吵。宋某心情不好，又急着倒车，结果又撞上了吴某停放在门口的轿车。宋某更加觉得窝火，跟吴某发生了争执。吴某称其住院期间，算上误工费用，损失大概 32000 元，但是他手中只有医疗费票据 20180 元，此外，将来修车还需要花费一笔钱。

调委会于 2 月 20 日派两名调解员到吴某经营的海鲜门市查看情况。调解员先向吴某表明了自己的身份和意图。吴某一开始不愿意调解，请求法院判决，后经过调解员耐心地讲解，才同意进行调解。

之后，调解员又找到宋某。宋某称自己已经知道检察院以故意伤害罪提起了公诉。调解员告诉他，如果宋某的行为确实属于犯罪，按照《刑法》第二百三十四条第一款的规定，将承担相应的刑事责任，同时，因其给宋某造成了经济损失，根据《刑法》第三十六条第一款的规定，还要承担一定的民事赔偿责任。听完调解员对法条的讲解，宋某意识到了问题的严重性，但他觉得自己只能支付医疗费，对于没有票据的费用，他不会认可。由此，调解员总结出，问题的焦点为双方对赔偿数额有争议：宋某只想赔偿吴某 20180 元；而吴某认为自己是受害方，人身和财产都受到了损失，宋某必须一次性赔偿其 50000 元，否则就不会出具谅解书。

2 月 23 日下午，调解正式开始。调解员先向双方当事人介绍了调解的原则和效力，又询问了双方对调解的意见和想法。调解员听完宋某和吴某的陈述后，进一步得知：宋某家中经济条件不好，儿子刚在本市贷款买了房子，小孙子在教育方面开销也大，家里实在拿不出吴某所要求的赔偿款；吴某认为宋某无故将气撒在自己身上致其受伤，还弄坏了自己的新车，必须给他一个教训。

调解员先是安抚了吴某的情绪，并让宋某当场向吴某道歉。之后，调解员又向双方宣讲了《民法典》第一千一百七十九条的规定："侵害他人造成人身损害的，应当赔偿医疗费、护理费、交通费、营养费、住院伙食补助费等为治疗和康复支出的合理费用，以及因误工减少的收入。造成残疾的，还应当赔偿辅助器具费和残疾赔偿金；造成死亡的，还应当赔偿丧葬费和死亡赔偿金。"同时，《最高人民法院关于审理人身损害赔偿案件适用法律若干问题的解释》第六条至第十一条进一步明确规定了医疗费、误工费、护理费、交通费、住院伙食补助费、营养费赔偿项目计算标准。根据上述法律规定，宋某必须对吴某的损失予以赔偿。

听完调解员的讲解，宋某自觉理亏，不再争辩。而吴某也认识到自己索赔的许多费用没有票据证明，即使坚持主张法院也可能不会支持，因此愿意做出让步。

调解员根据吴某提供的票据、相关证明和修车需要的费用，估算出吴某实际受到的损失，提出了调解意见。对此，双方均表示接受，最终达成和解协议。

调解结果

双方当场签订调解协议书，内容如下：

1. 宋某于 2023 年 3 月 1 日前一次性给付受害人吴某医疗费、

护理费、交通费、营养费、住院伙食补助费、误工费、汽车修理费共计 37000 元；

2. 吴某对宋某表示谅解，并出具谅解书。

案例点评

本案的调解难点在于对宋某和吴某进行心理疏导和法律讲解，让双方平复心情，明白侵权必须赔偿，而损失赔偿也必须有凭有据。调解员先是以刑事案件的刑罚为切入口，告诉宋某伤害他人可能要承担的刑事责任和民事赔偿责任，然后，又通过讲解民事侵权赔偿相关条文让双方做到心里有数，特别是让受害方吴某感受到其本想索要的赔偿数额不太合理，从而使其自愿降低赔偿数额。

在实际调解过程中，调解员要根据不同纠纷的不同矛盾焦点，找到调解的切入口，对当事人动之以情、晓之以理，促使案件“大事化小、小事化了”。

案例 26　邹某与刘某损害赔偿纠纷调解案

案情简介

2019 年 3 月，工人邹某经人介绍，与施工队负责人刘某签订了雇佣合同。自 2019 年至 2022 年间，邹某多次参与刘某的施工团队进行施工活动。

2022 年 12 月，邹某再次受雇于刘某，为某小区进行暖房子工程改造。某日，邹某在二楼喷涂墙体时，不慎从脚手架上跌落，由于跌落位置偏高，邹某伤势较重。刘某第一时间将邹某送往医院，经诊断，邹某右手第五掌骨骨折，需要住院治疗。在邹某住院治疗期间，刘某负担了邹某全部的医疗费用共计 8000 余元，并隔三岔五前去慰问看望，赠送高价营养品。

入院 3 个多月后，邹某伤势基本痊愈，于是办理了出院手续。经合计，邹某认为雇主刘某还应当向自己额外支付护理费、误工费以及后续治疗费等其他费用共计 3 万余元。邹某最初向刘某提出这一主张时，遭到了刘某的强烈反对。刘某认为，自己已经支付了全部医疗费，并经常前去探望邹某，多次赠送了价值不菲的营养品，已经仁至义尽，况且邹某从楼上跌落是他自己没有尽到安全注意义务，本身有很大的过错，让自己再支付 3 万元简直是借机敲诈，绝不可能同意邹某的主张。邹某认为，其在住院期间花费的护理费、交通费等都有白纸黑字的票据，不是凭空捏造，更不是想借机敲诈，况且自己是家中的经济支柱，如今右手骨折后有很长时间不能再继续工作，自己跟着刘某干了这么多年，没有功劳也有苦劳，刘某理应对此承担责任。刘某听了邹某的理由之后，经过考虑，表示愿意再额外支付给邹某 5000 元作为补偿。邹某认为补偿金额过少，坚持让刘某赔偿 3 万元。

经过多次协商，邹某与刘某还是未能就赔偿金额达成一致。当邹某再次上门找刘某理论时，刘某避而不见。邹某四处求助未果，十分着急。经邻居介绍，邹某于 2023 年 4 月 25 日来到某市某区某街道人民调解委员会（以下简称调委会），请求对其与刘某的损害赔偿纠纷案件进行调解。

调解过程

调委会接到邹某的申请后，立即询问了另一位当事人刘某的意见，刘某表示愿意接受调解。在双方当事人自愿接受调解、符合人民调解委员会案件受理条件的基础之上，调委会受理了该案，并口头告知了双方当事人人民调解的效力、性质、原则和纪律，以及双方当事人在调解过程中享有的一些权利和应当承担的义务。

2023 年 4 月 26 日，邹某和刘某来到调委会进行调解。调解员余某和高某听取了当事人邹某和刘某对案件事实的陈述，明确了双方的争议焦点在于：邹某认为刘某在负担其医疗费的同时，还应当额外补偿其护理费、误工损失、后续治疗费等费用共计 3 万余元；而刘某对这一赔偿数额表示不能接受。由此调解员归纳出本案的主要矛盾在于责任的划分及对赔偿金额的确定。

双方当事人在陈述案情的过程中，情绪都很激动，针对这一情况，调解员首先对当事人进行心理疏导，说明如果大家想解决问题，必须心平气和地坐下来陈述自己的主张。调解员及时稳定了双方的情绪，使当事人能够本着解决问题的态度，冷静地坐下来谈问题。调解员解释道，刘某与邹某之间存在雇佣合同，刘某为雇主，邹某为雇员。但是由于刘某所带的施工团队属于临时组队性质，即有活儿干的时候大家随他一起去干活，其余时间大家各自干自己的事情，并且，刘某也没有公司等组织，属于个人，因此，刘某与其雇员之间的关系为劳务关系。对于雇员因劳务受到伤害的，《民法典》第一千一百九十二条规定："个人之间形成劳务关系，提供劳务一方因劳务造成他人损害的，由接受劳务一方承担侵权责任。接受劳务一方承担侵权责任后，可以向有故意或者重大过失的提供劳务一方追偿。提供劳务一方因劳务受到损害的，根据双方各自的过错承担相应的责任。提供劳务期间，因第三人的行为造成提供劳务一方损害的，提供劳务一方有权请求第三人承担侵权责任，也有权请求接受劳务一方给予补偿。接受劳务一方补偿后，可以向第三人追偿。"邹某受到的伤害无关第三人，是他自己不慎摔伤，因此根据上述法律"提供劳务一方因劳务受到损害的，根据双方各自的过错承担相应的责任"之规定来划分责任。听了调解员的讲解后，刘某和邹某都恍然大悟。邹某陷入了沉默，刘某也没再多言。接着，调解员继续动之以情，称双方当事人之间已经存在长达三年的合作关系，数次愉快地完成了任务，应当珍惜这份情谊，谋求以后的合作机会。

在经过调解员耐心的讲解和劝说之后，邹某和刘某解开了心结。调解员随即提出调解方案，两人均表示接受，最终达成一致。

调解结果

邹某与刘某当场达成调解协议：

1. 刘某支付给邹某的 8000 元医疗费用，邹某无须退还。
2. 邹某不再向刘某主张其他任何赔偿费用。

案例点评

本案中，人民调解员正确运用了抓住主要矛盾进行调解的方法，及时归纳争议焦点，准确认识到双方的主要矛盾在于责任的划分及对损害赔偿金额的确定，只要做好双方当事人的沟通工作，使他们认识到其中的法律关系和法律依据，那么本案问题就能迎刃而解。调委会准确把握当事人诉求和矛盾症结所在，才使得这一纠纷最终得以解决。

除此之外，调解员还运用了心理疏导的调解技巧，对情绪激动、态度强硬的当事人及时进行心理安抚，让他们认识到放下内心隔阂冷静陈述，才是解决问题的正确方式。这有效地消除了当事人的心理障碍，为后续的调解工作奠定了重要的思想基础。然后调解员晓之以法，用法律震慑当事人，使他们明白自己所享有的权利和应当承担的义务，从内心真正信服调委会对该案的处理结果。调解员既注重对当事人思想上和观念上的引导，也注重对调解效果和问题解决程度的追求，最后动之以情，结合实际情况，从情理角度使当事人真正消除内心的隔阂，重归于好，最终得到了圆满的调解结果。

案例 27　王某与肖某损害赔偿纠纷调解案

案情简介

2023 年 4 月 15 日，王某到某县各乡镇收农副产品，途经肖某家时，见肖某家院子里晾晒了很多蘑菇，就想打听一下是否愿意出售。王某径直向院子中走去，还未出声询问便被突然蹿出的大狗扑倒，他挣扎不过被狗咬伤了右腿及右侧脸颊。肖某听见声音从屋里出来吓退了大狗，而此时王某已流了很多血。当王某请求肖某送自己去医院时，肖某认为王某被狗咬伤与自己无关便拒绝了，回到屋内不再理会。王某只好自己到医院注射狂犬疫苗、血清，并住院进行治疗，花费 4000 余元。经医生建议王某还到省城打了专门预防狂犬病的免疫球蛋白，花费疫苗费以及车费共计 5000 余元。

王某住院期间，肖某在朋友的劝说下到医院探望了王某，并表示他愿意拿出 3000 元当作补偿，以后再发生什么事情都与他无关。王某认为肖某给的 3000 元还不到治疗费用的一半，自己是绝不可能答应的。二人争论不下，于是在 2023 年 5 月 8 日共同找到某县某镇人民调解委员会（以下简称调委会），希望调委会出面帮助解决此事。

调解过程

调委会接到王某、肖某二人的申请后，及时派两名调解员前往王某被狗咬伤之地初步了解情况，经过调查认定：肖某家院中所养的看家犬确实存在问题，由于狗链过长，陌生人进入院中后，大狗容易突然蹿出咬人，肖某也未对自家家犬咬人事实予以否认。

调解员查阅了相关的法律规定、类似案例，做好了充足的调解准备后，于5月12日电话联系了王某、肖某，告知二人若接受调解，需遵守调解规则和调解纪律，调委会将于5月13日按照程序进行调解。

5月13日上午，王某、肖某来到调委会，坐下来谈了各自的看法。调解员在听取了双方的陈述后，总结了症结所在：王某认为肖某的狗咬了他，肖某作为主人应该承担自己受到的所有损失，而肖某却认为自己不该负担所有费用。

调解员稳定了双方想要进一步争吵的情绪后指出，《民法典》第一千二百四十五条规定："饲养的动物造成他人损害的，动物饲养人或者管理人应当承担侵权责任；但是，能够证明损害是因被侵权人故意或者重大过失造成的，可以不承担或者减轻责任。"从这条法律规定来看，自家养狗咬伤他人，一般情况下养狗人都要负责，而不能因为自己没有过错就不必承担责任。况且，因为肖某拴狗的链子过长，在他人事先不知道的情况下，容易被狗扑倒咬伤，肖某在此处存在过失，因此无论从哪个角度来讲，肖某都应当作出赔偿。

对于王某希望肖某负担所有的治疗费用的意见，肖某认为一般人家都有狗而且自家狗是拴着的，王某未经允许便进入院中，自己本就没有做错什么，况且还曾到医院看望并拿出了3000元，算是一种补偿，无须再次赔偿。于是调解员进一步劝说，王某此前治疗费等各项花费已经超过9000元，如果想要脸部完全康复还需要不少费用，但现在王某只要求肖某负担截至调解之前的费用，放弃了对肖某的进一步赔偿请求，希望肖某也能退一步，让双方和平解决分歧。同肖某一起来到调委会的还有村干部魏某，他提到，打狂犬疫苗是必要的，曾经有人被狗咬伤后因为没打疫苗而得狂犬病过世了，养狗人后来赔偿了很多钱才了结。

经过调解员和魏某的劝解，肖某也觉得只赔偿 3000 元有些少，但他提出正值农闲，自己没办法一下子拿出全部的钱，希望可以少赔一点。调解员将肖某的请求转述给王某，同时又对王某说，既然肖某已经做出让步，希望王某看在大家都不容易的情况下能适当减少赔偿数额，况且王某未经对方同意便推门而进，因此才被狗咬伤，自己也存在过失。随后王某同意做出让步，赔偿数额可以少给 1000 元。可是肖某还是不同意，认为赔偿金额仍然过高。调解员只好请魏某再去做一做肖某的思想工作。经过魏某的劝说，肖某最终同意赔偿王某 8000 元。双方达成一致。

调解结果

双方当场签订调解协议书，自愿达成如下协议：

1. 肖某赔偿王某共计 8000 元，其中先期已支付的 3000 元予以扣除，还需支付 5000 元；

2. 自双方达成调解协议之日起，此次损害赔偿纠纷终结，王某不得再提出赔偿请求。

案例点评

在农村，养看家犬是很常见的事情，但不容回避的是，养犬提高院户安全性的同时也会出现本案的风险，导致动物致人损害的情况屡见不鲜。本案中的王某被狗咬伤，而养狗人肖某看见后未采取补救措施，加深了彼此之间的矛盾。当双方同意将纠纷交由调委会调解后，调解员对双方情绪的照顾、调节以及对纠纷本身的情理分析就显得尤为重要。一方面，调解员向他们阐明相关法律的规定，以此明确各自的过错及应承担的责任，以理服人；另一方面，调解员能从当事人的角度分析问题，让肖某产生信任之感，从而能够平心静气反思己方过失，体谅对方不易，同意赔偿。调解员还意识到陪同人员村干部魏某对促进调解的重要性，请其加以劝说，化解了矛盾，最终达到了当事人各自相让、完美解决纠纷的目标。

案例 28　余某某与伦某某等人及某小学损害赔偿纠纷调解案

案情简介

余某某是某县某镇某小学六年级的一名学生。2022 年 9 月 18 日，余某某在午休期间，与同学伦某某、陈某某、孙某某、丁某某在学校的操场上相互追逐打闹，追逐期间其不知被谁绊倒，脚部剧痛无法站立。几位同学立即向值班教师报告了此事，值班教师肖某迅速将受伤的余某某送往医院进行救治。经诊断，余某某的脚部骨折，需要进行治疗，由此花费医疗费、护理费等合计 3 万余元。

校方第一时间通知了 5 位同学的家长，在各方都在场的情况下，余某某的家长询问是谁将余某某绊倒的，伦某某等 4 名同学都说没有看清，不承认是自己将余某某绊倒的。余某某的家长遂向 4 位学生的家长主张赔偿金，但几位家长都借口不是自家孩子绊倒的，拒绝赔偿。其中伦某某的家长表示，伦某某长得瘦小，而余某某长得身强体壮，一定不会是自家孩子导致余某某跌倒受伤的。陈某某的家长则表示，孩子之间打打闹闹是最正常不过的事情，余某某摔伤骨折是自己的过错。其余几位家长也纷纷表示，在没有明确证据证明是自家孩子造成余某某摔伤之前，自己绝对不会花这份冤枉钱。余某某的家长一听勃然大怒，对其他几位家长这种不负责任的态度十分愤慨，据理力争，要求4位家长共同承担责任。但是，伦某某等学生的家长坚持己见，拒不赔偿。

在各方僵持不下时，其中一名家长提出，事件发生在学校，应当由学校来承担责任。于是余某某的家长转而向学校要求赔偿，但是学校则表示，几位同学在午休期间出去玩耍打闹，本身就是违反学校纪律规定的行为，而且午休时间并不属于在校学习时间，因此拒绝承担责任。无奈之下，余某某家长只能来到某县某镇人民调解委员会（以下简称调委会）申请对该案进行调解。

调解过程

调委会接到余某某家长的申请后，立即征询了校方和伦某某等人家长的意见，在各方均同意调解的情况下，调委会受理了此案。受理后，调委会高度重视，指定了经验丰富的调解员戴某负责处理该案。戴某首先通过走访学校和学生家长，调查核实案件有关情况，并且提前制订了一份调解方案，同时告知了当事人调解需要准备的相关材料和需要遵守的程序。

10月18日上午，余某某家长、伦某某等4位学生的家长以及学校负责人一起来到调委会进行调解。调委会首先告知了各方当事人关于调解的原则和纪律，然后各方开始陈述自己的意见。余某某的家长表示，余某某治疗期间花费的3万余元应当由伦某某等人和校方共同承担损害赔偿责任。伦某某等4位学生的家长否认余某某骨折是自家孩子造成的，都认为应当由学校承担余某某受伤的责任，因为至少现存的事实能够证明是在孩子们上学期间发生了这一事件。校方负责人则坚持认为午休期间不属于学习时间，孩子们在午休期间离开教室去操场游戏本身就是违纪行为，应当由学生自担风险。4位学生家长和学校相互推诿，谁也不肯站出来承担责任。

余某某的家长越听情绪越激动，矛盾有进一步升级的趋势。

鉴于此，为了稳定局面，缓和当事人的情绪，调解员从各方当事人的角度出发，首先对校方和 4 位学生家长进行劝说，让他们冷静思考，如果是自己的孩子在学校因为打闹受伤，是否会觉得对方是不用负责的。紧接着又对余某某的家长进行安慰，告诉他心平气和才有利于更好地解决事情。经过这番劝说，各方当事人已经能够坐下来谈论问题。

关于学校的责任，调解员拿出了《民法典》第一千二百条的规定："限制民事行为能力人在学校或者其他教育机构学习、生活期间受到人身损害，学校或者其他教育机构未尽到教育、管理职责的，应当承担侵权责任。"如果学生在学校因追逐打闹受伤，若学校能够证明尽到教育、管理职责的，才可以不承担责任。若学校不能提供证据证明已经尽到了教育、管理职责的，则应当承担侵权责任。调解员告诉学校负责人，这是法律规定，目的就是更好地保护在校未成年人，如果学校拿不出来有力证据证明尽到了管理职责，那么即使这事闹上法庭，恐怕学校也要承担责任。学校负责人考虑后，同意作出赔偿。由此，各方当事人在调解员的劝说下，达成调解协议。

调解结果

各方当事人达成调解协议，内容如下：

1. 伦某某等 4 位学生的家长分别承担余某某医疗费 4000 元，5 日内付清；

2. 学校向余某某支付赔偿费用 15000 元，当场交付给余某某的家长。

5 日后，调解员回访发现，只有丁某某家未如约向余某某的家长支付医疗费。经调委会督促，丁某某的家长向余某某的家长支付了协议约定的医疗费。各方对调解结果表示满意。

案例点评

本案属于未成年人在学校追逐打闹期间造成损害的案件，实践中类似案件频发。调委会对该案足够重视，安排富有经验的调解员处理，确保了案件的高效、圆满解决。调解员运用了换位思考的调解方法，有效平息了各方情绪，从而使调解工作得以顺利进行。在耐心地说服和心理疏导之后，调解员以法律为准绳，以事实为依据，徐徐道来，深入分析了各方在此案中的责任和过错，使家长们和校方都有了较为清醒的认识，最终同意让步，达成一致。

七、山林土地纠纷

案例 29　米某与何某山林土地纠纷调解案

案情简介

2016 年，某县某村的村民米某向村集体承包了一片河坡地，承包期限为 30 年。承包该片土地后，米某一直没有考虑清楚要栽种什么作物，便一直将该土地闲置。米某从小跟着父亲学习木工活，也一直在帮村里的村民打些木质家具，手艺很是不错。他听说在城里这种手艺很吃香，每个月能挣不少钱，便决定利用自己的手艺进城打工。进城前，为了避免所承包的土地继续闲置，米某与远房亲戚何某订下了“无偿转包协议”。双方约定，米某将土地经营权无偿转包给何某，如果日后米某回村，随时有权向何某要回土地，而何某应当配合将土地交回。

2022 年年底，米某觉得自己年龄大了，逐渐开始厌倦在城里的漂泊生活，想要回村落叶归根。回村后，他想到自己与何某还有转包协议，便计划将该片土地要回，栽种一些作物维持生计。此时的何某已经在该片土地上栽种了十几棵核桃树，经过多年悉心管理，收益较为可观。如今米某要将土地要回，何某却认为自己已经在该片土地上经营多年，这片土地应当归他所有，拒不交回。双方因此矛盾不断，谁都不肯让步。为了拿回属于自己的土地，米某来到某县某镇人民调解委员会（以下简称调委会），请他们帮助解决纠纷，让何某尽快让出土地，保障自己对该土地所享有的权利。

调解过程

调解员在初步了解纠纷经过后，与何某取得了联系，询问其是否愿意接受调解。在得到肯定答复后，调解员将何某与米某请到调委会，计划采用“面对面”的方式对两人之间的纠纷进行调解。

首先，调解员认真倾听了米某与何某两人对纠纷的陈述。米某表示，该片土地原本就是他承包的，他才是真正的土地承包经营权人。随后，米某拿出了当初与何某签订的无偿转包协议。在协议中，双方对于“随时要随时给”的内容约定得十分清晰，而该约定也是在双方协商一致的情况下，何某自愿签订的。对于何某如今要赖不想返还土地的行为，米某无法接受，坚决要求何某返还土地。而何某同样觉得自己才是权利受到侵害的一方，他向调解员阐述，这么多年来，米某从来没有过问过这片土地，一直是他在对土地进行管理，这才让土地不至于荒废，能够一直保持生产力。更何况，土地上栽种的核桃树完全是他个人出钱购买的，如果将土地返还给米某，他的损失该由谁来承担？

在听完两人的陈述后，调解员基本了解了双方矛盾的焦点，也了解了双方各自的顾虑。对何某，调解员列举了法律规定，指出根据《民法典》第五百零九条第一款的规定，合同的当事人应当按照约定全面履行自己的义务。米某与何某当年所签订的无偿转包协议是基于双方的真实意愿订立的，具有法律效力，何某作为协议的当事人有义务按照约定全面履行协议。当米某要求何某返还承包地时，何某应当返还。随后，调解员又以情理打动米某，点明何某确实为经营承包地付出了不少心血，况且树木正在生长，应米某的要求立即腾出承包地是不现实的。在调解员的引导下，米某与何某换位思考，逐渐理解了自己所需要承担的责任与对方的难处。经过调解员的周旋，双方都同意各退一步。何某同意向米某交还承包地，而米某也同意给何某半年的时间移走核桃树。

调解结果

米某与何某于调解当场达成调解协议：

何某于 2023 年 10 月 31 日前将核桃树移出并将全部土地面积交还给米某，移出核桃树所产生的费用由何某自行承担。

案例点评

本案的调解难度在于米某与何某各有难处，如果调解不好，很可能会加剧二人之间的矛盾，破坏两人同村的情谊。在调解过程中，调解员选择了让两人“面对面”的方式，使双方能够直面对方的顾虑，引导双方换位思考，从而避免矛盾激化，最终圆满地解决纠纷。

调解员在调解中，不但要懂得以法律为依据，而且要采取适宜的调解方法和调解技巧，对症下药，提高调解效率，促进纠纷的及时化解。

案例 30　于某与韩某山林土地纠纷调解案

案情简介

于某（女）与韩某（男）都是某省某市某村村民，20 世纪 90 年代，二人结婚并生育一子韩某某。韩某某大学毕业后，一直在国外工作。

从2010年开始，于某与韩某的感情出现问题，两人经常为生活琐事吵架。后来，于某发现韩某出轨，在外面有了别的女人。2018年6月，韩某认为两人的婚姻无法再继续维持，向于某提出离婚，于某不同意。为此，韩某向人民法院提起离婚诉讼。因于某不同意离婚，法院判决两人不予离婚。2019年1月，韩某再次提起离婚诉讼，在人民法院的调解下，于某同意离婚。两人在某村都有承包土地，离婚时并未予以分割。

离婚后不久，于某听朋友说土地非常重要，必须分割，为此找到韩某，要求分割两人婚姻存续期间所获得的承包地。但韩某一直以各种理由推脱。2023年3月，于某再次找到韩某，要求分割承包地。韩某却说，两人已经离婚，于某没有分割承包地的权利。后经人协调，韩某称可以将属于于某的土地分割给她，但是要求于某给予他一定的补偿。于某不同意，二人为此发生纠纷。

无奈之下，2023年9月5日，于某向某县某镇人民调解委员会（以下简称调委会）申请调解，要求与韩某分割两人婚姻存续期间的承包地和土地补贴款。

调解过程

调委会接到于某的申请，在征得韩某同意调解的意愿后，受理了案件，并派出专职人员进行调解。调解员首先向于某了解案件的基本情况。于某称，其与韩某于1993年结婚，1994年生育了儿子韩某某。1995年村里开展第二轮土地承包，当时家里共有三名家庭成员。自从土地承包之后，家里的几亩土地一直由两人共同耕种。自2019年两人离婚后，土地一直由韩某打理。韩某将土地出租了一部分，剩余的自己耕种。其间，土地租金和国家给予的补贴款等都由韩某领取。于某一直想要回属于自己的土地和国家发放的补贴款。但是，在两人进行协商时，韩某却让于某承担一部分在耕种土地期间所投入的费用。另外，儿子韩某某也是家庭成员，虽然他在国外工作，但是，土地也有儿子的份额，这一部分他们无权分割。对此，两人无法达成协议，故产生纠纷。

调解员又与韩某进行沟通，对案情做到整体把握后，总结出了双方当事人的争议焦点，即土地份额如何分割、土地投入费用如何分担以及相关补贴费用如何分配。随后，调解员联系了于某和韩某的儿子韩某某，征求韩某某的意见。韩某某表示愿意将自己的承包土地份额划分到母亲于某的名下，由于某进行耕种，他还称，父母离婚后，家里在土地方面获得的补贴费用等，属于其份额的，也都归于母亲于某。

接着，调解员为于某和韩某讲解了我国法律的规定。我国《农村土地承包法》第六条规定："农村土地承包，妇女与男子享有平等的权利。承包中应当保护妇女的合法权益，任何组织和个人不得剥夺、侵害妇女应当享有的土地承包经营权。"《妇女权益保障法》第五十三条规定："国家保障妇女享有与男子平等的财产权利。"第五十四条规定："在夫妻共同财产、家庭共有财产关系中，不得侵害妇女依法享有的权益。"第五十五条规定："妇女在农村集体经济组织成员身份确认、土地承包经营、集体经济组织收益分配、土地征收补偿安置或者征用补偿以及宅基地使用等方面，享有与男子平等的权利。申请农村土地承包经营权、宅基地使用权等不动产登记，应当在不动产登记簿和权属证书上将享有权利的妇女等家庭成员全部列明。征收补偿安置或者征用补偿协议应当将享有相关权益的妇女列入，并记载权益内容。"也就是说，妇女依法享有承包土地的合法权益。在夫妻双方离婚后，应当依法对土地进行分割，保障妇女的合法权益。关于承包地的分割问题，韩某所持有的 6 亩土地中应分给每人 2 亩。因儿子韩某某将自己享有的份额划分到于某名下，故于某所享有的承包地份额为三分之二，共计 4 亩。对于双方离婚后5年中土地租金和国家补贴款的问题，根据调查，承包地每年的租金收益为6000元，国家每年补贴1000元，5年共计35000元。此笔款项，于某享有三分之二，韩某享有三分之一。

关于韩某承包土地期间投入的费用，调解员建议于某多少承担一点。而于某并不同意分担此部分费用。于是，调解员又耐心劝说于某，称韩某在耕种土地期间毕竟也投入了不少精力，把土地打理得很好，增加了土地的产能，既然韩某已经同意将部分土地划分给于某，于某也应该退让一步。最后，在调解员的努力劝说之下，双方达成协议。

调解结果

于某与韩某于调解当场达成调解协议：

1. 位于某村某处的6亩承包地中，4亩分给于某，2亩分给韩某。

2. 于某支付韩某土地耕种投入的费用5000元。

3. 自2019年至2023年的土地出租收益30000元，分给于某20000元，韩某10000元；国家补贴5000元，分给于某3350元，分给韩某1650元。

4. 双方互相协助办理承包地分割手续和国家补贴分割手续。

案例点评

本案涉及夫妻婚姻关系存续期间取得的土地承包经营权的分割问题。在本案中，因土地承包经营权为于某、韩某和韩某某三人的家庭共有财产，故在实际分割过程中并不能简单地一分为二。为此，调解员征求了韩某某的意见，将各方所属份额捋清，最终成功分割了三方共有的土地承包经营权。

作为调解员，在调解的过程中，不但要以法律为依据，更要懂得调解的方法和技巧，全面分析问题，抓住问题的主要矛盾，突破当事人的心理防线，提高调解纠纷的效率。在本案的调解中，调解员在适用法律、全面分析问题、抓住主要矛盾以及做当事人思想工作方面都表现较好，值得肯定。

案例31　罗某与冀某山林土地纠纷调解案

案情简介

罗某与冀某是某村村民，冀某在该村某处有3亩荒地，其一直在这块荒地上种植蔬菜。冀某的荒地与罗某的承包地相邻。

2023年4月，罗某准备利用自己的承包地养殖螃蟹。为此，罗某找到冀某，称想从冀某的荒地中开辟一条道路到自己的承包地中。冀某认为罗某的想法太不可理喻，一旦开辟出一条道路，肯定会影响自己种植蔬菜的收益。对此，冀某坚决不同意。

然而，如果冀某不同意开辟道路，罗某养殖螃蟹的产业则无法进行，因为目前没有一条通向罗某承包地的车用道路。后来，罗某找了很多村里的人到冀某家做工作，最后，冀某虽然答应了罗某的请求，但是提出罗某要每年给自己3000元作为补偿。罗某同意给冀某补偿，但认为补偿数额过高。为此，双方无法达成一致。

罗某急得直跺脚，无奈之下，2023年5月22日，罗某到该村所在的某县某镇人民调解委员会（以下简称调委会）申请调解。

调解过程

调委会受理此案后，派出了专职人员负责调解。调解员接手该案之后，立即展开调查工作。

调解员首先到某村展开实地调查，走访该村的知情村民，向他们打听双方当事人之间纠纷的基本情况。经过走访之后，调解员了解到，罗某原来一直从事长途运输工作，后来在一次车祸中受伤，康复之后留下后遗症，无法再继续长时间开车，便准备转行，决定利用自己家的土地发展螃蟹养殖产业。但是，罗某的承包地没有通往外面的道路。调解员通过实地调查，发现罗某只能从冀某的土地上开辟一条道路，除此之外，没有其他办法。

了解了基本情况之后，调解员总结了双方争议的焦点，于2023年5月27日，组织双方当事人到调委会进行调解。在调解现场，调解员首先告知双方调解过程中应遵守的法律规定以及双方的权利和义务。接着，调解员请各方当事人陈述自己的诉求和想法。在冀某进行陈述时，罗某情绪非常激动，甚至对冀某破口大骂，称冀某不讲道理。此时，调解陷入僵局。调解员见此状况，马上改变了调解方法，采用“背对背”的方式进行调解。

调解员劝说冀某，让他多体谅罗某，罗某因为车祸受伤，留下后遗症，所以不得已才转行，况且罗某已经进行了大部分投资，如果冀某不同意其开辟道路，则罗某要面临很大的损失。正所谓退一步海阔天空，大家都是同村村民，尤其土地还是相邻的，抬头不见低头见，没必要把关系弄得很僵。而且，如果冀某少要一点儿补偿，罗某肯定会十分感激他的。在调解员的耐心劝说之下，冀某同意降低补偿费用。

之后，调解员又劝说罗某，他在冀某的土地上开辟道路，肯定会给冀某造成经济损失，如果补偿费用过低，对冀某来说是不公平的。况且，罗某是在请求别人，应该予以退让。此外，调解员为罗某分析了事情的利弊，告诉他螃蟹养殖的季节性，一旦错过最佳时机，其所投入的成本将会有很大损失。经过调解员的劝说，罗某最终答应提高一点补偿费用。

在双方当事人的情绪缓和后，调解员又组织双方进行调解。调解员为双方讲解《民法典》第二百八十八条的规定："不动产的相邻权利人应当按照有利生产、方便生活、团结互助、公平合理的原则，正确处理相邻关系。"第二百九十一条规定："不动产权利人对相邻权利人因通行等必须利用其土地的，应当提供必要的便利。"因此，作为相邻土地的权利人，在其中一方必须利用土地时，对方应当提供便利。即冀某是有义务为罗某提供便利的。在此次调解过程中，双方的态度都非常好。调解员抓住时机，建议罗某每年支付给冀某 1800 元补偿费用。双方对此表示认可，当场达成了调解协议。

调解结果

罗某与冀某于调解当场达成调解协议：

1. 冀某同意罗某在其荒地中开辟一条道路；
2. 划分冀某的荒地与罗某的养殖螃蟹地块的界线；
3. 罗某每年给予冀某补偿费用 1800 元。

案例点评

调解员接手此案之后，没有立即找双方当事人，而是先展开调查，并亲自到村里去了解情况，走访知情的村民，实地查看双方的土地，为后面的调解奠定了基础。

在了解了案件的基本情况之后，调解员总结了双方的争议焦点，抓住案件的主要矛盾，组织双方当事人进行调解。在调解过程中，因当事人情绪激动，调解陷入僵局。对此，调解员没有继续按照原来的方法调解，而是及时转换调解方法，采用"背对背"调解方式，以避免矛盾的激化。一方面，在"背对背"调解中，调解员采用换位思考的方法，劝说冀某多体谅罗某，动之以情，晓之以理，说服冀某降低补偿费用；另一方面，调解员又劝说罗某适当提高补偿费用，为罗某分析利弊，说明养殖螃蟹的季节性，一旦错过最佳时期，将会造成巨大的经济损失。在第二次面对面调解时，调解员见双方的态度都有所缓和，抓住时机提出了调解方案。最终，双方矛盾得以化解。

案例32　顾某与某村委会山林土地纠纷调解案

案情简介

顾小某是某县某镇某村的村民。2016年，顾小某酒后在饭店与店老板发生争执。回家后的他心里咽不下这口气，于是拿上水果刀回到饭店，对店老板连捅数刀，导致店老板失血过多不治身亡。事后，公安机关立即抓捕了顾小某。法院经过审理，对他判处无期徒刑，剥夺政治权利终身。顾小某进入监狱服刑后的第三年，该村村委会通过召开村民大会，决定收回他家的承包地。

顾小某光棍一条，只有父亲顾某一个亲人。父亲顾某长年在外打工，很少回村，自顾小某服刑后，更是再没有回过村，也没有跟村里人联系。现其偶然得知自家的承包地被收回，便回村找到村委会要求退还承包地。但村委会表示，收回承包地的决定是在村民大会上作出的，取得了大部分村民的同意。再说顾小某被判处了无期徒刑，什么时候能释放还是问题，与其让他的承包地闲置，还不如收回后再承包给他人，这样才能有效利用土地。对于村委会的说法，顾某无法接受，他多次到村委会进行协商，但最终都不欢而散。2023 年 7 月 12 日，顾某来到某县某镇人民调解委员会（以下简称调委会），要求对承包地被村委会违法收回一事进行调解，并要求村委会赔偿损失 5000 元。

调解过程

调委会在接到顾某的申请后，及时指派调解员处理此案。调解员在听了顾某的诉求之后，向他询问了案件的具体情况。为了能够更好地解决矛盾，调解员亲自来到了顾家所在的村子，实地查看了原本顾家所承包土地的位置，并向顾某确认了承包地的具体亩数。随后，调解员来到村委会。面对调解员的来访，村委会主任李某亲自进行了接待，并表示会配合调解员的调解程序，积极解决与顾某之间的矛盾。

当调解员向李某提起承包地被收回一事，李某立即表示，收回承包地并非村委会擅自作出的决定，而是经过村民大会投票的，大多数村民认可这一决定，也支持将顾小某的承包地收回。更何况，原本的承包地如今已经承包给了村里的其他村民，承包人已经在该片土地种植农作物了，将土地强行要回不合适。再者说，顾小某正在服刑，即使将承包地退还，顾小某也无法耕种，让好好的土地荒废实在可惜。

对于李某的说法，调解员决定直接列举法律对他进行说服。《农村土地承包法》第二十七条第一款规定，承包期内，发包方不得收回承包地。该村收回承包地的决定即使是通过村民大会作出的，也违反了法律的规定。对于违法收回承包地的行为，发包方需要依据《农村土地承包法》第五十七条的规定，承担停止侵害、排除妨碍、消除危险、返还财产、恢复原状、赔偿损失等民事责任。此外，本案中的土地承包属于家庭承包，以户为单位。《农村土地承包法》第十六条规定："家庭承包的承包方是本集体经济组织的农户。农户内家庭成员依法平等享有承包土地的各项权益。”顾某与儿子顾小某尚未分户，他虽然长居外地，但对该片承包地同样享有承包经营权。该村收回承包地的行为不仅侵害了顾小某的权益，也侵害了顾某的权益，即实际侵害了顾某家的家庭权益，应对顾某家承担赔偿责任。

听了调解员有理有据的发言，李某承认村委会在收回承包地时确实考虑不周，表示愿意弥补顾某家的损失。见此情况，调解员对顾某也进行了说服，顾某表示愿意让步，只要村委会发放新的承包地，他可以不要求村委会赔偿损失。最终，双方达成了一致意见，在调解员的见证下解决了纠纷。

调解结果

双方于调解当场达成了如下调解协议：

1. 村委会为顾某与顾小某发放新的承包地；
2. 顾某不再要求村委会承担赔偿责任。

案例点评

在本案的调解过程中，如果稍有差池，很可能使顾某与村委会之间的矛盾激化，从而导致顾家在村中受到排挤，更何况，顾某父子的权益确实遭到了侵害。面对这种情况，调解员选择站在顾某的角度，为其据理力争，通过法律规定，从法理上对村委会进行说服，使其认识到收回承包地这一行为的违法性，从而帮助顾某维权。同时，在村委会让步后，调解员并没有“得理不饶人”，而是说服顾某也退一步，使双方之间的矛盾能够更为和缓、圆满地解决。调解员利用其调解技巧，不仅帮助顾某解决了纠纷，还使得双方之间化解了龃龉，维护了和谐的乡亲关系。

八、征地拆迁纠纷

案例33　高某甲与高某乙、高某丙等征地拆迁纠纷调解案

案情简介

高某某（男，2017年去世）与商某某（女，2020年去世）共育有3个子女，分别为高某甲、高某乙、高某丙（三人均已成年且具有完全民事行为能力）。高某某与商某某在某省某市某区有两套住房（其中一套系1986年修建的老房，面积为105.32平方米；另一套系2015年修建的新房，面积为117.89平方米）和一间临街商铺（面积为110.34平方米）。高某某去世后，未留下遗嘱，因商某某尚健在，故未对遗产进行分割。高某某去世后，高某甲为照顾母亲，一直与其同住在老房子里。2020年7月，商某某去世，高某甲、高某乙、高某丙签订协议，对父母留下的遗产进行分割。协议约定：位于某省某市某区某街道的老房子和5万余元存款归高某甲所有；位于某省某市某区某小区的新房子归高某乙所有；位于某省某市某区的临街商铺归高某丙所有。2021年年底，协议签订并经过公证后，高某甲、高某乙、高某丙等人携相关证件到不动产登记部门办理了移转登记手续，现前述房屋、商铺分别处于高某甲、高某乙、高某丙名下。

2023年3月，高某乙和高某丙得知老房动迁的消息，要求撤回

遗产分割协议，重新对遗产（包括老房的征收补偿款）进行分配，兄妹三人因此产生纠纷，互不相让。2023 年 5 月 24 日上午 10 时许，高某甲、高某乙、高某丙三人共同到某市某区某街道人民调解委员会（以下简称调委会）请求调解。

调解过程

调委会收到高某甲等人的调解申请后，立即指定了两名调解员调处该纠纷。大致了解纠纷的起因和经过之后，调解员认为该案主要系因征地拆迁引起的家庭纠纷，为了妥善解决争议，防止矛盾激化，调解员在征得当事人的同意后邀请了高家较有声望的大家长高大某（系高某甲等人的大伯）参与调解。同时，调解员还到负责征收工作的经办人处了解老房的征收补偿情况，向高某甲的邻居详细了解了高家几个子女的相处情况。获悉高某甲、高某乙、高某丙平日关系较好、相处较为和谐后，调解员制订了调解方案。

2023 年 5 月 27 日，高某甲、高某乙、高某丙、高大某到场参与调解。调解开始后调解员首先向当事人宣读调解规则和当事人的权利义务，然后请高某甲、高某乙、高某丙分别陈述其诉求。高某甲认为兄妹三人已经通过协议对父母留下的遗产进行了明确分割且已经实际履行，高某乙、高某丙不能反悔。高某乙、高某丙则认为，老房的拆迁赔偿款有 300 多万元，都是父母留下的财产，不能由高某甲独享。根据当事人的陈述，调解员认定该纠纷的争议焦点在于高某乙、高某丙是否有权撤销遗产分割协议、对高某某和商某某的遗产重新进行分割。

针对前述争议焦点，调解员首先向他们解释了相关法律的规定。《民法典》第一百四十七条至第一百五十二条对民事法律行为的撤销有明确的规定。而在本案中，遗产分割协议是经过高某某、商某某的全体继承人高某甲、高某乙、高某丙协商一致签订的，不存在可撤销原因，现该协议已履行完毕且不存在法定的无效情形，应属合法有效。根据《国有土地上房屋征收与补偿条例》第二条的规定，有权获得征收补偿的是被征收房屋的所有权人。根据遗产分割协议和产权证书，高某甲系老房的所有人，故征收补偿款应当归高某甲所有，高某乙、高某丙无权分得。

调解过程中，高某甲表示，自己作为大哥，愿意在拆迁款到账后分别支付 3 万元给高某乙和高某丙，该提议遭到高某乙和高某丙拒绝。三方各持己见，互不相让。为防止矛盾激化，调解员立即中止调解，采取“背对背”的方式和高大某一起分别与兄妹三人进行沟通，劝说他们设身处地为对方考虑，不能因金钱利益磨损了兄妹情谊。对高某甲而言，其作为家中老大和主心骨，应当顾全大局，适当照顾弟弟妹妹；对高某乙、高某丙而言，调解员主要从情理和法理两个方面进行劝说，在高某乙、高某丙依法不能主张拆迁权益的情况下，不能再凭兄妹情谊一再要求高某甲让步。况且，最初分割遗产时，高某甲分得的遗产已经是价值最低的，高某乙、高某丙不能因情况发生变化就无理反悔，一家人应当齐心协力，将父母留下的遗产妥善处置。分别劝解之后，调解员又采取“面对面”的方式，让当事人心平气和地对遗产分割协议和征收补偿款的分配方案进行协商。最终，在调解员和高大某的建议下，当事人自愿达成了调解协议。

调解结果

在调解员的主持下，高某甲、高某乙、高某丙于调解室当场达成调解协议：

高某甲向高某乙和高某丙分别支付 4 万元人民币，高某乙、高某丙收到该笔款项后，不得就老房的拆迁补偿款主张任何权益。

现该协议已履行完毕，兄妹三人握手言和。

案例点评

现实生活中，不少家庭因金钱利益反目成仇，甚至对簿公堂。在本案的调解中，调解员秉承家和万事兴的原则，邀请了当事人敬重的长辈，既能唤起当事人之间的亲情，又能起到较好的说服教育作用，为化解当事人之间的争议起到了很大作用。同时，调解员也清楚地认识到，调解不能总是使老实人吃亏，否则难免导致会“哭”的孩子得寸进尺，损害其他当事人的合法权益。因此，调解员首先理性地从法律角度厘清了当事人之间的权利义务关系，使他们清楚认识到自己的权益和底线所在，然后通过“背对背”说服引导、“面对面”交流沟通的方式，从亲情伦理出发，调和各方矛盾，最终使因拆迁补偿款争论得不可开交的一家人和好如初，将矛盾化解在基层。

案例34　陈某与徐某征地拆迁纠纷调解案

案情简介

某省某市某区某街道文化路91~92号营业用房登记的所有权人为徐某。2019年1月1日，陈某（某超市的经营者）与徐某签订《租赁合同》，承租该房屋经营超市。租赁合同明确了租赁物、租赁期限（2019年1月1日起至2023年12月31日止）、租金（按季度支付，采用“先付后用”方式，租金每年为298000元，次年按2%递增）等条件。

2023年4月25日，某省某市某区房屋征收办公室（甲方）、某省某市某区某街道房屋拆迁事务所、徐某（乙方）就位于某省某市某区某街道文化路91~92号营业用房的征收补偿签订《非住宅房屋征收货币补偿协议》，协议载明了被征收房屋概况、补偿方式（货币补偿）、搬迁期限等内容。根据协议约定，被征收房屋评估金额为4102373元（商业用房4102373元，详见评估报告），一次性搬迁和临时安置费50243元，停业停产损失费226782元，其他补偿费19725元，徐某合计获得征收补偿资金4399123元。如果徐某在公告规定的搬迁期限内搬迁、腾空房屋移交给房屋征收办公室并经验收确认后，可按被征收房屋评估金额的5%给予签约搬迁奖励费。

《非住宅房屋征收货币补偿协议》签订后，徐某作为房屋所有权人和出租方例行通知承租人陈某，要求提前解除合同并要求陈某于2023年6月15日之前搬离租赁场地、交还钥匙。陈某以自己为房屋的实际使用人和装饰装修人为由要求分得部分补偿款，该要求被徐某拒绝。后陈某未按期腾退房屋，双方多次因此发生口角，超市经营也受到了严重影响。2023年7月8日，陈某向街道司法所求助。司法所了解情况后，将该纠纷交由某市某区某街道人民调解委员会（以下简称调委会）调处。

调解过程

调委会接到司法所的通知后，依法询问了陈某、徐某的意见，见双方均愿意接受调解，便开始了调解前的准备工作。因纠纷涉及征地拆迁补偿问题，调委会决定动员多种力量，邀请了司法所、区房屋征收办公室和街道房屋拆迁事务所的工作人员参加此次调解工作。

2023年7月10日，调解员在街道调解室主持调解。调解前，调解员依法口头告知了当事人人民调解的性质、原则和效力以及当事人在调解活动中依法享有的权利和应承担的义务，又仔细倾听了陈某和徐某的陈述。陈某认为，自己承租徐某的房屋时，还只是几间毛坯房，房屋的硬装、软装均是自己出钱，如果没有自己的装修，房屋的评估费用不会如此高，现在该房屋要被征收，自己作为房屋的实际使用人和装饰装修人，于情于理都应当获得一部分补偿款。如果不能获得补偿款，徐某也应当向其支付装饰装修和停产停业损失等费用。徐某认可房屋装饰装修的费用均由陈某所出，但根据法律的规定，房屋的所有权人才是被征收人，才有权获得征收补偿款。徐某表示，如果陈某愿意立即迁出，将向其支付 2 万元作为补偿。后双方因补偿数额争执不下。听取当事人陈述和查看当事人提交的房产证、租赁合同、装修合同等证据材料后，调解员认定该案系与征地拆迁补偿有关的纠纷，主要争议焦点在于陈某作为案涉房屋的承租人是否有权获得补偿款及补偿数额的问题。

为了平息陈某和徐某的争议，调解员指出《国有土地上房屋征收与补偿条例》第二条规定："为了公共利益的需要，征收国有土地上单位、个人的房屋，应当对被征收房屋所有权人（以下称被征收人）给予公平补偿。"据此，出租房屋被国家征收，被征收人与补偿对象是房屋所有权人，承租人不是征收补偿法律关系的当事人，陈某不能向区房屋征收办公室主张拆迁补偿款。那么，租赁期内房屋被依法征收拆迁，承租人能否依据租赁合同向出租人主张拆迁补偿款呢？对于这个问题，调解员首先确认了陈某与徐某之间成立租赁合同关系，双方之间的争议应当首先以合同约定为解决依据，没有约定或约定不明的，根据具体情况进行处理。鉴于当事人并未在租赁合同中约定租赁房屋因政府征收行为而导致合同提前解除应如何处理的问题，故本案只能根据具体情况处理。因双方当事人均认可陈某承担了房屋所有的装饰装修费用，尽管合同提前解除系政府征收行为导致，当事人互不承担违约责任，但这并不意味着法律不认可承租人的拆迁补偿利益。陈某的行为确实使房屋升值，根据公平原则，陈某理应获得相应补偿。同时，承租房屋被征收拆迁时，承租人腾退房屋、另寻房屋经营，客观上也需要获得适当的搬迁及恢复经营费用，停产停业损失的计算也与房屋的经营属性和当时的经营状况存在莫大关系，故此，承租人可以获得相应的赔偿。

当事人听完调解员的分析后，各有不同的反应。陈某据理力争，要求分得停产停业损失、装饰装修费用、搬迁补助费等费用的70%，徐某则坚决不同意。为了防止矛盾激化，调解员和参加调解的其他单位的工作人员分别对双方展开了劝说工作，希望当事人换位思考，公平合理地确定补偿费用。最后，经过两次调解，双方就征地拆迁补偿事宜自愿达成了调解协议。

调解结果

陈某、徐某于调解室当场达成调解协议：

1. 陈某与徐某 2019 年 1 月 1 日签订的《租赁合同》于 2023 年 7 月 15 日解除，陈某于 2023 年 7 月 25 日之前迁出租赁房屋；

2. 徐某支付陈某停产停业损失费 48000 元、一次性搬迁和临时安置费 40000 元、装饰装修补偿费 20000 元，合计 108000 元，于陈某迁出租赁房屋之前支付 50000 元，迁出之日起 3 日内支付 58000 元。

案例点评

本案调解的难点在于明确承租人作为被征收房屋的实际使用人是否有权获得一定的补偿费用。实践中，有大量的房屋租赁合同因征收拆迁行为而不得不提前解除，如果当事人已经提前就此做出了明确约定，根据法律之规定，当然可以按照当事人的约定解决争议。在当事人没有约定，又不能就此事的处理达成一致的情况下，如果刚性地理解法律、适用法律难免对承租人不公平。对此，调解员仔细权衡双方诉求，采用动员多种力量协调解决的方法，邀请司法所、区房屋征收办公室和街道房屋拆迁事务所的工作人员参与调解，从法理和情理两个角度出发，协调解决当事人之间的矛盾。在当事人情绪激动时，调解员适时开展耐心细致的说服疏导工作，引导双方当事人换位思考、互谅互让，帮助他们达成了解决纠纷的调解协议，有效地实现了人民调解定分止争的目的。

案例35　石某等人与某自来水公司征地拆迁纠纷调解案

案情简介

2023年年初，某省某市某自来水公司根据政府规划，要到某村铺设自来水管道。根据规划，该自来水管道需要经过该村的部分耕地，这些耕地中有的种植玉米、小麦，有的种植蔬菜。

在铺设管道之前，为了保障工作顺利进行，自来水公司首先与被占用耕地的村民就补偿款进行协商。在协商过程中，自来水公司提出，给予村民种植蔬菜的耕地每平方米50元，玉米和小麦地每平方米20元的补偿。但是，村民们认为，一旦自来水管道铺设在下面，就会影响农作物的生产，故他们认为自来水公司给予的补偿过少，因此提出了更高的补偿款数额。

自来水公司认为村民索要的补偿款数额过高，他们无法承受这笔费用。村民石某等人提出，如果不按照他们提出的数额补偿，自来水公司休想动工。自来水公司负责人多次与村民进行协商，最后都不欢而散。后来，自来水公司无奈之下找到某县某镇人民调解委员会（以下简称调委会）申请调解。

调解过程

调委会接到自来水公司的申请之后发现，由于此案涉及人数较多，一旦得不到妥善解决，很可能会导致矛盾升级，到时问题会更难以解决，因此，在受理此案之后，调委会马上召开了会议进行讨论，并制订了调解方案。

根据调解方案，调解员首先找到该村村委会进一步了解事情的基本情况，并进行实地调查，走访当地的村民。然后调解员便组织双方到调委会进行调解。在双方当事人到场后，调解员告知双方在调解过程中需要遵守的纪律，以及双方享有的权利和需要履行的义务。

然而，因石某等人情绪非常激动，调解工作无法进行。调解员见状，马上转换调解办法，采用“背对背”的方式调解，分别对石某等村民和自来水公司做思想工作。

首先，调解员找到石某等人询问情况，并请他们陈述自己的请求。开始时，石某等人情绪非常激动，称自来水公司仗势欺人，占用他们的耕地，影响了农作物生长，还不想多赔钱。调解员听到之后告诉他们，现在这样僵持并不是解决问题的办法，而且在自来水公司施工完成后，大家用水更加方便，水质也会提高，这是对全村人有益的好事，因此，大家应该从长远的利益出发予以理解，做出让步。石某等人听了调解员的劝说之后，表示愿意进行协商。

其次，调解员又根据石某等人的诉求与自来水公司进行沟通。自来水公司表示，他们提出的补偿款数额已经很高了，而且铺设管道在地下，实际上也没有占用他们的耕地，并不会影响他们种植农作物。此时，调解员指出，在农户的耕地上打眼铺设管道，虽然没有实际占用耕地，但现在正值农作物生长的最佳时期，多少也会影响产量的。农民种植非常不容易，一年的辛勤付出就是为了等待收获的季节。所以，调解员建议自来水公司适当提高补偿数额。况且，如果问题一直不解决就无法动工，最后影响的还是自来水公司的利益。

在调解员的劝说之下，自来水公司答应提高补偿数额。于是，调解员组织石某等人与自来水公司再次进行调解。此时石某等人的态度明显缓和，调解员抓住时机，及时促成双方达成调解协议，握手言和。

调解结果

经过调解，石某等被占用耕地的村民与自来水公司达成以下协议：

1. 自来水公司铺设的管道经过农户耕地的，玉米地、小麦地以每平方米 30 元的标准补偿，蔬菜地以每平方米 50 元的标准补偿；

2. 村民在得到补偿款之后，不能再阻止自来水公司施工。

案例点评

本案的调解难点是涉及人数较多，如果不能妥善解决，则很可能引发群体性事件。在本案中，调解员受理案件后，及时召开会议，并根据制订的工作方案有条不紊地展开工作。

为了保障纠纷的顺利化解，调解员进行实地调查，在听取了村民的诉求后，抓住了纠纷发生的根源，对症下药。开始时，调解员采用“面对面”的方式进行调解，但因石某等人情绪激动，就马上转换了调解策略，采用“背对背”式的调解方法。在“背对背”调解中，首先，调解员运用情理，为村民全面分析问题，指出自来水公司施工之后受益的还是村民，劝说他们退让。其次，在劝说自来水公司时，调解员从自来水公司急于解决纠纷的心理出发，采用换位思考的方式，最终劝说自来水公司适当提高补偿。之后，调解员又再次组织双方“面对面”进行调解，在看到石某等村民态度有所缓和时，调解员懂得抓住时机，迅速解决纠纷。

案例36　李某某与杜某征地拆迁纠纷调解案

案情简介

李某（男）与杜某（女）于2011年结婚，育有一女，两人感情一直非常好。2022年5月，李某因病去世。

在李某去世之后，杜某与女儿一直居住在原来的房屋中。2023年3月，该村因国家修建大型水利设施，将征收大量土地。在征收公告贴出之后，李某的父亲李某某找到杜某，称杜某所居住的房子是自己出钱建的，房产证上写的也是他的名字，所以，以后拆迁安置房屋和赔偿款都是属于他的，杜某和她的女儿没有权利享有。

杜某听到之后，称她和女儿的户口都在本村，故有权获得赔偿。同时，杜某对李某某说，她的女儿也是李某某的亲孙女，李某某不能不给孙女房屋。但即使杜某再三请求，李某某仍然坚持房屋是自己的，杜某和女儿都不能享有任何获得安置房屋和赔偿款的权利，并要求她们尽快从房屋中搬出去。

杜某见此事无法自行协商处理，便找到某县某镇人民调解委员会（以下简称调委会），请求调委会予以调解。

调解过程

调委会在接到杜某的申请后，安排调解员联系了李某某，李某某表示愿意调解。

调解员首先找到杜某，了解事情的基本情况，之后又亲自到某村实地调查，并请求该村村委会协助解决此事。经过走访调查之后，调解员确定了双方争议的焦点是杜某母女是否享有获得补偿款以及安置房的权利。同时，调解员在调查中也了解到，如果杜某母女搬出现在的房屋就没有其他房屋居住，而且现在杜某正处于失业状态，母女两人的生活十分困难。

于是，调解员在村委会的协助下，认真查阅了当地的拆迁安置办法，确定了杜某母女是享有安置补偿权利的。同时，鉴于杜某母女所居住的房屋的所有权人是李某某，故调解员认为最关键的还是要说服李某某。

2023 年 3 月 27 日，调解员请杜某母女和李某某一起到调委会进行调解。调解员先告知双方当事人调解中应遵守的纪律、调解的程序以及双方的权利和义务，然后请他们分别陈述了自己的诉求。在杜某陈述之后，李某某情绪非常激动，称杜某克死了自己的儿子，现在居然还想着分家里的财产。调解员见状马上安抚李某某的情绪，告诉他人死不能复生，李某在天之灵也不希望看到他这样伤心。

在李某某的情绪稳定之后，调解员称杜某在生前对李某进行了照顾，而且杜某嫁入李家之后一直勤俭持家，孝敬公婆，也为家里做了不少贡献，没有功劳也有苦劳，如果其所居住的房屋被征收，又不能获得补偿，则杜某母女便失去了生活保障，这不仅违背人情，也违背了法理。接着，调解员为李某某讲解了我国《妇女权益保障法》第五十五条规定："妇女在农村集体经济组织成员身份确认、土地承包经营、集体经济组织收益分配、土地征收补偿安置或者征用补偿以及宅基地使用等方面，享有与男子平等的权利。申请农村土地承包经营权、宅基地使用权等不动产登记，应当在不动产登记簿和权属证书上将享有权利的妇女等家庭成员全部列明。征收补偿安置或者征用补偿协议应当将享有相关权益的妇女列入，并记载权益内容。”由此可见，妇女在房屋、土地方面与男子享有同等的权利。李家宅基地上的房屋虽然为李某某出资所建，但是宅基地是以户为单位的，即宅基地使用权实际归全体家庭成员所有。杜某母女的户口在本村，跟随李某在李家立户，那么她们自然对李家所有的宅基地使用权也拥有相应的权利。房屋征收不仅赔偿的是地上的房屋，还有房屋下面的宅基地使用权。所以，从法律上来讲，杜某母女有权分得相应安置补偿。尽管李某已经去世，李某某也不得侵害杜某的合法权益。

李某某听完有所触动，觉得好像是自己做错了。此时，调解员抓住时机，劝李某某应该体谅一下杜某，她自己一个人带着女儿生活实属不易，如果再得不到安置补偿，她们母女的生活该怎么过。在调解员的劝说之下，李某某答应将部分安置房给杜某。同时，杜某也表示，自己只要安置房，不再要求得到其他赔偿款。

在调解员的劝说之下，双方最终达成一致意见。

调解结果

经过调解，双方于调解当场达成调解协议：

1. 杜某母女分得 70 平方米安置房；
2. 李家因房屋拆迁获得的其他财产与杜某无关。

案例点评

在现实生活中，有很多家庭因为拆迁款和安置房的分割问题闹得不可开交。在本案的调解过程中，调解员认真负责，在受理案件之后，亲自到某村进行走访，并请当地的村委会进行协助，在查询拆迁安置办法、了解案件的基本情况后，总结案件的争议焦点，并有针对性地制定了调解策略。

在调解过程中，调解员见李某某情绪非常激动，马上转化调解策略，安抚李某某。调解员在说服李某某时，不仅从思想上进行劝说，还为李某某讲解法律的规定。在李某某有所触动时，调解员抓住时机，大打亲情牌，最终使得李某某做出让步。可以说，调解员融情于法、情理结合，最终化解了双方的纠纷。

2

CHAPTER

第二章

行业和专业领域矛盾纠纷

一、医疗纠纷

案例37　席某与某药店医疗纠纷调解案

案情简介

2023年11月中旬，席某因感染风寒高烧不退，同月22日下午3时许，席某的丈夫王某带她到市区一家药店买药，后在药店工作人员张某的劝导下接受输液治疗。就诊前，席某称自己对青霉素过敏，张某为其诊断之后，仍然开了输液治疗。用药15分钟后，席某开始出现胸闷、气促、冷汗、抽搐的情况，问及张某，被告知是正常情况，过几分钟会慢慢缓解。用药30分钟后，席某突然休克晕厥，王某及药店工作人员张某将席某送到附近的医院救治，花费医疗费约28000元。治疗过程中，席某、王某二人得知是药物（青霉素）过敏导致的休克。

席某住院期间，王某查出接诊的药店并没有医疗许可证，张某也无行医执照，遂先后到当地卫生监督所投诉和市纪检部门上访。2023年12月4日，席某出院并于次日早晨前往药店要求赔偿，双方因赔偿事宜发生纠纷。同月6日，某市医疗纠纷人民调解委员会（以下简称调委会）受相关部门委托对此案的民事赔偿事宜进行调解。

调解过程

调委会受理该案后，立即指定曾经多次参与类似案件调解工作的赵某主持调解，同时指定调解员姚某某、秦某参加此次调解工作。接到指定后，调解员根据工作流程联系了席某和药店的经营者唐某某，当事人双方均表示愿意接受调解。随后，调解员依法展开了调解前的准备工作，分别向双方当事人询问纠纷的事实和情节，了解双方的要求及其理由，并根据调解需要向有关方面调查核实了部分情况。经过初步了解案情，调委会认为该案系医疗纠纷，患方已多次上访，医患双方矛盾尖锐，调解过程中可能会出现当事人情绪激烈、不配合调解等情形，遂提前制订了调解方案，以期和谐解决争议。

2023 年 12 月 13 日，席某、药店的经营者唐某某到医疗纠纷调解室参与调解，王某、张某到场旁听。调解员首先让双方当事人分别陈述了要求及理由。席某指出，药店的张某在没有行医资格的情况下行医，并明知自己对青霉素过敏仍然用了含有青霉素的药物，给自己的身体健康造成严重伤害，药店应当承担赔偿责任。根据席某住院期间的花费和出院后的营养费及因此导致的误工费等损失，席某要求药店赔偿 8 万元。唐某某承认药店有过错，愿意赔偿，但席某要价甚高且毫无依据，希望调委会就赔偿数额进行调解。

经查，调委会确认以下事实：药店的经营范围为零售化学药制剂、抗生素制剂、生化药品、中成药、中药饮片、中药材、生物制品（疫苗除外）；销售医疗器械Ⅰ类、医疗器械Ⅱ类、消毒用品、玻璃制品、日用化学品（不含化学危险品）（法律、行政法规禁止的项目，不得经营；法律、行政法规规定应经审批或许可的项目，经批准后方可经营）。该药店并未取得医疗机构执业许可证，张某也未取得执业医师证。席某因青霉素过敏入院检查、治疗等花费共计 27907.23 元，该费用已由席某自行付清。

调解过程中，患方及其家属情绪激动，一开始便与唐某某、张某发生争吵，双方分歧极大。为了使当事人保持理智，调解员严厉强调了调解纪律，并分别进行情绪疏导。一方面，调解员批评了药店在未获得有权机关批准许可的情况下开展诊疗活动的违法行为，并结合实际案例向其说明了其行为的违法性和危险性；另一方面，调解员劝导患方及其家属理性维权，切不可违背法律规定行事。遏制当事人的暴力情绪，待双方均冷静下来后，调委会才继续主持调解。

经过对案件事实和当事人要求的归纳整理，调委会认为该案的争议焦点在于赔偿数额的确定。对此，调委会告知席某，主张经济损失时应当有相应的法律依据，除住院记录、门诊收费专用票据外，席某未提供任何证据证明自己主张 8 万元赔偿费的合理性。因此，调委会劝席某根据实际发生的医疗费、护理费、误工费、住院伙食补助费等费用计算赔偿数额。为了安抚席某的情绪，调解员当场释明了《最高人民法院关于审理人身损害赔偿案件适用法律若干问题的解释》的相关规定，并结合当地的实际情况与席某本人的情况，提出了调解建议。之后，在调委会和相关工作人员的帮助下，席某重新计算了赔偿数额。经过调委会的解释，药店也深刻认识到了自己的错误，向席某诚恳道歉，希望获得谅解。最后，双方在调委会的主持下握手言和，纠纷就此化解。

调解结果

当事人于调解室当场达成调解协议：

1. 药店赔偿席某医疗费、护理费、误工费、住院伙食补助费等各项费用 37025. 78 元；

2. 该费用由唐某某在 2023 年 12 月 15 日之前支付至席某的银行账户。

案例点评

该案系无证无照行医引起的医疗纠纷，实践中，此类案件不在少数。由于该类纠纷往往涉及患方的生命安全、身体健康，当事人之间的矛盾和分歧往往非常尖锐。本案中，为了妥善解决纠纷，调委会指定了经验丰富的调解员主持调解工作。预测到调解过程中可能会出现当事人情绪激烈、不配合调解等情形，调解员提前制订了调解方案，调解过程中也充分把握了当事人的情绪变化，及时进行心理疏导，有效防止了暴力升级，正确运用了苗头预测和遏制的方法，使纠纷得以平息。与此同时，调解员始终保持中立的态度，在查清事实、明确责任的基础上，以事实为依据、以法律为准绳，开展耐心、细致的说服疏导工作，引导、帮助当事人达成调解协议，使药店深刻意识到自己的错误，最大限度维护患方的合法权益。经过此次调解，当事人的纠纷得以化解，席某等人也不必再通过信访等方式寻求帮助，充分发挥了人民调解作用，实现了“访调”有效对接，节约了宝贵的司法资源。

案例38　陈某某与某口腔诊所、刘某医疗纠纷调解案

案情简介

2023年3月12日，陈某某（男，61岁）因上门牙松动到某省某市的某口腔诊所修补牙齿。候诊过程中，口腔诊所的前台向其发放了诊所的宣传单，该宣传单用较为显著的字体载明“微创无痛种植”“采用国际进口种植体”“德国某某种植系统”“不伤邻牙”“快速种出完美牙齿”等字样。陈某某被该宣传单吸引，萌生出种植年前脱落的两颗下门牙的想法。修补上门牙时，陈某某向主治医

生详细咨询了种植牙齿的事情。一周后，陈某某到口腔诊所与医生协商种植牙齿的相关事宜，最后决定采用英国材料种植，种植及后期修复费用合计 12000 元。当日，陈某某支付预付款 5000 元。2023 年 4 月 16 日，口腔诊所的主任刘某为陈某某进行手术。陈某某陈述，手术过程中感觉下门牙左边的牙齿被什么物件撞击了一下。2023 年 4 月 18 日，刘某给陈某某拍 X 片检查，确认陈某某的种植牙左边牙龈被打掉一块，导致种植牙左边牙齿松动。

2023 年 4 月 25 日，陈某某去当地人民医院口腔科检查，X 片显示中间两颗下门牙已进行种植体植入，建议拔除种植牙左边牙齿。不久后，陈某某下门牙右边牙齿也出现松动。陈某某认为，其牙齿出现问题是 2023 年 4 月 16 日的手术导致的，故其于 2023 年 5 月 28 日向口腔诊所和刘某提出向其支付安装修复牙齿、修复整形牙龈所需费用 50000 元的要求。口腔诊所和刘某均拒绝支付，因此产生争议。2023 年 6 月 12 日，在社区工作人员的帮助下，陈某某向某市医疗纠纷人民调解委员会（以下简称调委会）提出调解申请。

调解过程

调委会受理该案后，立即指定了两名调解员参加此次调解工作。接到指定后，调解员根据工作流程联系了口腔诊所的经营者，对方表示愿意接受调解。由于该案专业性较强，经过双方当事人的同意，调委会启动了“医学专家咨询程序”，为调解助力。随后，调解员依法分别向双方当事人了解纠纷的具体情况，询问了双方的要求及其理由，为调解工作做准备。经过初步了解案情，调委会认为该案系医疗损害责任纠纷，双方当事人情绪稳定，未出现偏激、暴力倾向，遂决定采用直接解决主要矛盾、逐一解决争议焦点的方式展开调解工作。

为了厘清口腔诊所在为陈某某提供医疗服务的过程中是否存在医疗过错，调委会委托鉴定机构对种植牙齿与造成相邻牙齿牙龈损坏的因果关系及安装修复牙齿、修复整形牙龈所需费用进行司法鉴定，但当地的鉴定机构分别以鉴定所需的技术能力超出该中心鉴定能力和委托的鉴定项目超出鉴定机构鉴定范围等理由拒绝受理。

2023年6月18日，陈某某、口腔诊所的经营者王某、刘某、医学专家咨询组到医疗纠纷调解室参与调解。调解开始前，调解员首先向当事人宣读了当事人的权利义务及调解规则。然后，在调解员的主持下，当事人双方分别陈述了自己的需求和理由。陈某某以口腔诊所和刘某在为其种植下门牙的过程中存在过错并给其造成损失为由，要求对方赔偿修复费用50000元；口腔诊所的经营者王某和刘某对陈某某的遭遇表示歉意，但认为陈某某的诉求过高，只能接受免费为其做修复手术。陈某某向调委会出示了其与口腔诊所签订的种植牙意向书、在该诊所拍的照片、缴费单据等资料。口腔诊所的经营者王某和刘某未提交任何资料，经过调解员提醒，仍未出示任何资料。根据查明的事实和调解过程中当事人的陈述，调委会认为该案系医疗损害责任纠纷，争议焦点在于口腔诊所在医疗过程中是否存在过错以及相应的赔偿责任问题。

关于争议焦点一，调委会向当事人解释了《民法典》第一千二百一十八条、第一千二百二十二条的规定，即医疗机构隐匿或拒绝提供与纠纷有关的病历资料的，推定医疗机构有过错。由于口腔诊所一直拒绝提供与陈某某相关的病历资料，可依法推定其存在过错，故应当承担赔偿责任。关于争议焦点二，首先，因刘某系口腔诊所的员工，为陈某某实施手术是其履行职务行为，故调委会向当事人宣读了《民法典》第一千一百九十一条第一款的规定“用人单位的工作人员因执行工作任务造成他人损害的，由用人单位承担侵权责任。用人单位承担侵权责任后，可以向有故意或者重大过失的工作人员追偿”，明确了赔偿责任主体并不是如刘某这样的工作人员，而是用人单位。其次，由于调委会先后委托的鉴定机构均表明不能进行鉴定，无法确定赔偿数额。但根据陈某某的实际情况，其必须接受后续治疗，必然产生相应的医疗费、交通费、误工费等。对此，调委会首先请医学专家发表了专业意见，经过专业调解员与双方当事人悉心沟通，动之以情、晓之以理，耐心劝解，并辅之以《最高人民法院关于审理人身损害赔偿案件适用法律若干问题的解释》的相关规定加以说明。最终，调委会的劝解使口腔诊所意识到了自己的错误以及无法再获得陈某某信任（不愿意继续接受口腔诊所的治疗）的事实，同意赔偿 40000 元给陈某某作为后续修复费用。

调解结果

当事人于调解室当场达成调解协议：

口腔诊所于调解协议生效当日酌情赔偿陈某某修复费用 40000 元。

该笔费用已于调解现场当场履行完毕。

案例点评

近年来，我国医疗纠纷呈现逐渐上升的趋势，医患纠纷、医患矛盾早已成为社会关注的热点问题。前述案例是较为典型的医疗损害责任纠纷，突出问题是无法通过司法鉴定确定口腔诊所在诊疗过程中是否存在过错，无法认定口腔诊所的行为与陈某某所受损害之间是否存在因果关系以及陈某某进行修复手术的费用。对此，调委会充分发挥主观能动性，在经过当事人同意的条件下引进具有相关专业知识的专家参与调解工作。一方面，具有专业知识的人员参与调解工作可以稳固当事人的信心，使其不至于怀疑调解结果的合法性与合理性；另一方面，具有专业知识的人员可以结合实际医疗情况对双方当事人进行劝导，给出合理的调解建议，充分保障被侵权人的合法权益。

调解过程中，调委会一针见血地指出了当事人之间的争议焦点，并准确厘清了各当事人之间的法律关系，有效地解决和预防了纠纷。例如刘某作为口腔诊所的员工，为陈某某进行手术的行为属于职务行为，并未与陈某某产生医疗服务合同关系，因此认定其不必直接对陈某某承担赔偿责任。这就将刘某从纠纷中剥离了出来，以免陈某某再次要求刘某赔偿，进而引发争议。这是调解员正确理解法律、精准适用法律，综合运用法律知识、专业医疗知识进行情理劝导等方式平衡各方当事人利益的体现。

二、道路交通事故纠纷

案例39　孙某与纪某道路交通事故纠纷调解案

案情简介

2023 年 12 月 26 日，孙某开着一辆电动四轮代步车到超市购物，买完东西后，他一边接电话一边倒车，结果撞倒了正在一旁低头玩手机的纪某。

事故发生后，纪某住院期间花了近 3 万元医疗费，而孙某除了在其住院时支付了 1 万元外，再也没有承担过其他任何费用。出院之后，纪某多次联系孙某，要求其补充支付医疗费和后期的康复费用、误工费等共计 4 万元。可是，孙某称只能再支付 1 万元，无力承担更多的费用。

纪某多次向孙某索要赔偿未果，无奈之下准备向法院提起诉讼。此时，纪某的一个朋友告诉他，可以先到某县道路交通事故纠纷人民调解委员会申请调解，如果调解不成还可以再提起诉讼。

2023 年 1 月 30 日，纪某向某县道路交通事故纠纷人民调解委员会（以下简称调委会）申请调解。

调解过程

调委会接到纪某的申请后，及时安排专职人员处理该案。调解员马上联系到孙某，孙某表示愿意与纪某进行调解，于是，调委会当即立案受理。由于纪某必须卧床休息，不能随意走动，故调解员将调解安排在纪某家里进行，孙某也表示同意。在调解开展之前，调解员通过道路交通事故认定书了解了事故发生的经过及双方的责任认定等，并查看了当时事发地的监控录像。

2023 年 1 月 31 日，调解员和孙某按时到纪某家中，调解员主持调解。调解员向双方当事人说明了调解过程中应遵守的纪律、调解的程序以及双方的权利和义务，并请双方各自陈述自己的请求。调解员根据双方的陈述，总结了争议的焦点。孙某对自己造成纪某受伤的事实没有异议，但是认为纪某要求的赔偿数额过高，自己没有能力支付。并且，孙某表示虽然是自己导致了纪某受伤，但是纪某在过马路时玩手机，也存在一定的过失。

纪某听完孙某的陈述之后，非常生气，为此，两人发生争吵，调解一度陷入僵局。调解员见调解无法再继续进行，便马上更换调解方法，选择了“背对背”调解。

调解员先是向孙某讲解法律的规定，指出根据《道路交通安全法实施条例》第六十二条的规定，驾驶机动车不得有接打手持电话、观看电视等妨碍安全驾驶的行为。孙某在倒车时接打电话是造成纪某受伤的主要原因，故其应当承担主要责任，支付赔偿金。同时，调解员劝说孙某设身处地体谅一下纪某，其承受的不仅是经济损失，更有精神上的痛苦，要根据纪某的实际情况承担赔偿责任，不能只支付 2 万元赔偿金。

紧接着，调解员又到纪某床前劝说，为他讲解法律，称根据我国《民法典》第一千一百七十三条规定，被侵权人对同一损害的发生或者扩大有过错的，可以减轻侵权人的责任。纪某虽然是行人，但也要遵守交通规则，他在过马路时玩手机也是造成事故的原因之一，需要对自己的行为承担一定的责任。此外，马上就要过春节了，把事情解决了，也可以安心过春节。

最后，在调解员的再三劝说之下，双方达成了调解协议。

调解结果

孙某与纪某于调解当场达成调解协议：

孙某除已经支付给纪某的1万元外，再支付给纪某3万元，于调解结束后3日内支付完毕。

案例点评

在本案中，调解员接到申请后，及时调查了事故的经过及责任认定，了解了案件的基本情况，抓住主要矛盾，为后面的调解奠定了基础。在调解过程中，因双方发生争吵，为了避免矛盾激化，调解员马上更换调解方法，进行“背对背”调解，分别劝说双方。在劝说双方当事人时，调解员以法律为依据，并从临近春节这个时间点入手，抓住当事人想尽快解决纠纷的心理，为当事人分析利弊，促使双方达成一致意见，解决了纠纷。

调解员在调解过程中，不仅要以法律为依据，更要适当采取调解方法，运用调解技巧，进而提高调解的效率，为当事人化解矛盾。

案例40　许某与王某道路交通事故纠纷调解案

案情简介

2023年2月28日下午6时许，某县某村的许某驾驶一辆面包车前往某中学接孩子放学。到达学校门口后，许某将车辆停放在路边，在开车门时未多加注意，将骑电动车从后驶来的王某撞倒。王某伤势不轻，被送往医院抢救。经过多方治疗，他虽然没有生命危险，但种种损伤已经构成了十级伤残。某县公安局交通警察大队根据现场勘验情况作出交通事故认定书，认定许某承担此次事故的全部责任。对于交通事故责任的认定，双方没有异议。由于王某伤势重、治疗时间长，在治疗期间的各项损失总计高达20余万元。而许某家中人口多、收入少，无力赔偿王某的全部损失。因双方无法达成一致，2023年4月12日，双方向某县道路交通事故纠纷人民调解委员会（以下简称调委会）申请调解。

调解过程

调委会收到当事人申请后，于2023年4月15日下午组织了调解。调解员对事故发生经过进行了解后，明确了在这起事故中双方应当承担的责任。调解开始后，调解员向双方说明了道路交通事故人身损害赔偿的标准与项目，并让双方陈述自己的意见。许某对交通事故认定结果并没有异议，但认为王某要求的赔偿数额不合理，自己无力承担，要求降低赔偿数额。

调解员对双方的家庭进行了初步的了解。王某是家里的经济支柱，一家人的开销都指望着他。而如今他受伤后势必会对以后的工作产生影响。而许某一家男女老少共有六口人，经济压力大，也没什么存款，仅为车投保了交强险，没有投保第三者商业责任险，欠缺赔偿能力。调解员在充分考虑许某与王某的实际情况后，力求为王某争取到最大的利益。

调解员先是对许某晓之以理，指出根据《道路交通安全法实施条例》第六十三条的规定，机动车在道路上临时停车时，开关车门不得妨碍其他车辆和行人通行。许某在开车门时并没有尽到审慎的注意义务，应当对王某承担赔偿责任。同时，根据《民法典》第一千一百七十九条规定，侵害他人造成人身损害的，应当赔偿医疗费、护理费、交通费、营养费、住院伙食补助费等为治疗和康复支出的合理费用，以及因误工减少的收入。造成残疾的，还应当赔偿辅助器具费和残疾赔偿金；造成死亡的，还应当赔偿丧葬费和死亡赔偿金。许某给王某造成的损失不仅仅是短时间的医疗费，还包括以上规定所提到的其他相关费用，而这些费用都应当由许某来承担。更何况，王某在这次事故中受到了严重的伤害，对他进行赔偿是应该的。听了调解员的话，许某承认了自己的错误，对王某表示了歉意，并愿意承担赔偿责任，但仍然觉得王某要求的赔偿数额过高，要全部支付过于吃力。

随后，调解员又对王某动之以情，讲述了许某家中的不易，希望他们能够互相体谅，适当降低一些赔偿数额。王某虽然对许某鲁莽开车门导致他受伤的行为很气愤，但得知许某家中的情况后，还是表示了谅解。最终，经过调解员的多方努力，许某与王某心平气和地取得了一致意见，达成了调解协议。

调解结果

许某与王某于调解当场达成调解协议：

在保险公司于交强险限额内向王某赔偿 12 万元的情况下，许某再向王某赔偿 10 万元，并于调解结束后一个月内支付完毕。

案例点评

在本案中，纠纷的焦点主要在于赔偿款的数额。在调解过程中，调解员一方面使用法律规定说服许某，使许某认识到其侵权行为的严重性以及赔偿的必要性；另一方面以人情来打动王某，使王某能够谅解许某，从而使双方能够在赔偿数额上互相谅解、互相妥协，最终达到调解的目的，成功化解了许某与王某之间的纠纷。在此次调解中，调解员不仅在最大程度上为王某维护了权益，还成功使发生纠纷的两人换位思考、握手言和，体现出文明和谐的社会价值观。

三、劳动纠纷

案例41　郑某与某网络公司劳动纠纷调解案

案情简介

郑某于2021年4月入职某网络公司，担任技术岗位。郑某入职时，该网络公司表示，本公司规模较小，且正处于发展阶段，平时经常需要员工加班完成工作。不过，员工加班全凭自愿，公司绝对不会加以强迫，因此加班不支付加班费，但会在其他方面为员工提供福利。郑某接受了该公司的这一条件，并手写了放弃加班费的承诺书，一式两份，一份交给公司，另一份保留在郑某自己手中。

正式入职后，郑某因通勤时间较长，刚入职第一个月便没有留在公司加班。当月底，该网络公司以郑某业绩垫底为由，扣除了他部分奖金，并表示他将失去提前转正的机会。为了能够顺利转正，郑某只能服从公司安排进行加班。工作两年后，因郑某所在岗位工作量过大，他决定辞职休息一段时间。离职前，郑某向该网络公司要求支付他这两年来应当获得的加班工资，共计3.2万元。但该公司表示，郑某在入职时已经放弃了加班费，这是双方在自愿的基础上达成的约定，是有法律效力的，不能随意反悔。而郑某认为，该网络公司在入职时承诺不会强迫员工加班，实际上却变相强迫他服从加班安排，其行为与最初的约定不符，应当支付相应的加班费。

双方协商不成，郑某来到某市某区人民调解委员会（以下简称调委会）申请调解。

调解过程

调委会接到郑某的申请后，第一时间联系了该网络公司。该网络公司认为，当初与郑某的约定很清楚，郑某已经承诺放弃加班费。调解员多次联系该网络公司，但负责人始终拒绝沟通，甚至不再接听电话。于是，调解员直接来到该网络公司的办公地点与负责人见了面。负责人见到调解员后，态度还是比较冷淡，不愿意进一步展开沟通。为了能够使调解顺利进行，调解员向他表示，自己是为了能够帮双方解决问题才来的。如果他们始终不同意调解，那么郑某依然可以到仲裁机构去申请劳动争议仲裁。仲裁结束后，如果任一方不服仲裁结果，该网络公司还将面临后续的诉讼程序。届时，要解决问题就比现在复杂得多了。从该网络公司的角度来考虑，通过调解尽快解决纠纷是更好的选择。听了调解员的话，负责人的态度逐渐缓和，最终表示愿意调解。

该网络公司与郑某之间纠纷的焦点主要在于，郑某同意放弃加班费后，该网络公司是否还需要支付加班费。调解员向负责人列举相关法律规定阐明了这一问题。《劳动法》第四十四条规定："有下列情形之一的，用人单位应当按照下列标准支付高于劳动者正常工作时间工资的工资报酬：（一）安排劳动者延长工作时间的，支付不低于工资的百分之一百五十的工资报酬；（二）休息日安排劳动者工作又不能安排补休的，支付不低于工资的百分之二百的工资报酬；（三）法定休假日安排劳动者工作的，支付不低于工资的百分之三百的工资报酬。"《劳动合同法》第三十一条规定："用人单位应当严格执行劳动定额标准，不得强迫或者变相强迫劳动者加班。用人单位安排加班的，应当按照国家有关规定向劳动者支付加班费。”从上述两条规定可以看出，当用人单位安排劳动者加班时，有义务向劳动者支付相应的加班费。

同时，《劳动合同法》第二十六条第一款规定：“下列劳动合同无效或者部分无效：（一）以欺诈、胁迫的手段或者乘人之危，使对方在违背真实意思的情况下订立或者变更劳动合同的；（二）用人单位免除自己的法定责任、排除劳动者权利的；（三）违反法律、行政法规强制性规定的。”《最高人民法院关于审理劳动争议案件适用法律问题的解释（一）》第三十五条规定：“劳动者与用人单位就解除或者终止劳动合同办理相关手续、支付工资报酬、加班费、经济补偿或者赔偿金等达成的协议，不违反法律、行政法规的强制性规定，且不存在欺诈、胁迫或者乘人之危情形的，应当认定有效。前款协议存在重大误解或者显失公平情形，当事人请求撤销的，人民法院应予支持。”由此可见，用人单位在与劳动者订立劳动合同时，应当公平、合理地确定双方的权利义务关系，不得违法排除劳动者权利，侵害劳动者的权益。该网络公司在与郑某订立劳动合同时是居于主导地位的，即使郑某看似自愿放弃了加班费，也不能认定该约定是合法有效的。该网络公司与郑某放弃加班费的约定限制了郑某作为劳动者的权利，郑某有权进行维权，要求该网络公司支付加班费。

调解员结合相关法律规定，对该网络公司进行了劝说，最终成功说服其向郑某支付加班费。同时，郑某也承诺，拿到加班费后，后续不会再就此事向劳动争议仲裁委员会提出仲裁申请。

调解结果

郑某与某网络公司当场达成调解协议，内容如下：

1. 某网络公司于调解当日一次性向郑某支付加班费共计 3.2 万元；

2. 郑某承诺不再就同样事由向劳动争议仲裁委员会提起仲裁。

案例点评

在部分劳动争议中，造成争议的主要原因是当事人一方或双方对法律的适用和理解有误，这就要求调解员要全面、系统地掌握劳动法律、法规以及相关政策。只有调解员提高自身法律专业知识，才能更为有力地切中要点，对当事人进行法治教育，从而使调解顺利进行。此外，调解员还要具有把握纠纷焦点、抓准调解难点的能力，当调解遇到困难时，结合调解技巧突破当事人防线，为当事人合理分析利弊，最终达到解决纠纷的目的。

案例 42 石某家属与某厂劳动纠纷调解案

案情简介

石某为某省某市某县某五金制造厂的门卫。2023 年 4 月 12 日，石某于早晨 6 点正常下班后，骑车准备回家，刚骑到距厂门不远处的红绿灯旁就与一辆逆向行驶的卡车发生碰撞，当场昏迷不醒。接班的同事看到后，急忙通知了五金制造厂的厂长，厂长立即派人将石某送至某县医院，并电话通知了石某家属。县医院经诊断认定石某是颅内伤，情况比较严重，需要紧急救治，遂让家属送石某去市医院。在去市医院的途中，石某不幸死亡。石某家属十分伤心，该厂拿出 2 万元现金表示慰问。

过了几天，石某家属找到五金制造厂，称因为肇事卡车逃逸，赔偿没有着落，而石某是厂里的员工，那么厂里应支付工伤赔偿款50万元，并给付精神抚慰金5万元。厂里没有给石某缴纳工伤保险，并且，厂里不认为石某属于因工伤死亡，故拒绝赔偿。两方争执不下，多次协商未果。于是，石某家属在2023年5月8日来到某县劳动争议人民调解委员会（以下简称调委会），请求就石某于下班途中被撞死亡一事进行调解。

调解过程

调委会接到石某的调解申请后，电话联系了该五金制造厂，但其认为自己没有义务支付赔偿金额，拒绝调解。

针对这种情况，调委会先是派调解员到五金制造厂做厂长的思想工作，并请求石某所在村村委会支书石某某一起出面劝说。经过一番谈话，厂长知道了调解的程序和效力，也明白调解对双方都有利，遂同意进行调解。

次日，调委会电话通知石某家属和五金制造厂厂长杨某到石某所在村村委会进行调解，村支书石某某受邀一起参与调解。石某的妻子一看到调解员就开始哭诉，称石某死亡给一家人带来了极大的悲痛，家里也没了生活来源，而五金制造厂财大气粗却不肯支付赔偿金。调解员连忙安抚石某妻子的情绪，指出今天来就是解决实际问题的，并给她递了纸巾和热水，让她逐渐冷静了下来。

厂长杨某称，石某是在下班途中遭遇车祸的，根本不在工作时间内，也没有在工作岗位上，所以无法认定因工伤死亡。既然不属于因工伤死亡，该厂当然没有赔偿的义务，况且厂里第一时间就拿出了2万元慰问金，已经仁至义尽了。

调解员听了双方当事人的意见，总结出问题的关键在于石某下班路上遭遇车祸是否属于工伤。只有就是否属于因工伤死亡达成一致，才能进一步就赔偿金额达成一致意见。

为此，调解员指出，《工伤保险条例》第十四条规定："职工有下列情形之一的，应当认定为工伤……（六）在上下班途中，受到非本人主要责任的交通事故或者城市轨道交通、客运轮渡、火车事故伤害的……"交通事故发生在石某下班回家的路上，且责任并不在石某，因此石某的死亡应当被认定为工伤。见杨某有些将信将疑，调解员遂拿出《工伤保险条例》，让杨某自己翻看。杨某表示认可石某的死亡属于工伤。

调解员接着指出，《工伤保险条例》第十条第一款规定："用人单位应当按时缴纳工伤保险费。职工个人不缴纳工伤保险费。"第六十二条第二款规定："依照本条例规定应当参加工伤保险而未参加工伤保险的用人单位职工发生工伤的，由该用人单位按照本条例规定的工伤保险待遇项目和标准支付费用。"由于五金制造厂没有给石某缴纳工伤保险，故应当承担赔偿责任。杨某表示愿意依法承担工伤赔偿责任，但就赔偿数额 50 万元及精神抚慰金 5 万元不予认可。调解员指出，《工伤保险条例》第三十九条规定："职工因工死亡，其近亲属按照下列规定从工伤保险基金领取丧葬补助金、供养亲属抚恤金和一次性工亡补助金：（一）丧葬补助金为 6 个月的统筹地区上年度职工月平均工资；（二）供养亲属抚恤金按照职工本人工资的一定比例发给由因工死亡职工生前提供主要生活来源、无劳动能力的亲属。标准为：配偶每月 40%，其他亲属每人每月 30%，孤寡老人或者孤儿每人每月在上述标准的基础上增加 10%……（三）一次性工亡补助金标准为上一年度全国城镇居民人均可支配收入的 20 倍……"调解员给双方当事人认真讲解法律，并邀请村委会支书石某某根据法律规定一起计算赔偿数额，最终确定赔偿数额为 29.6 万元。

石某家属和杨某表示，愿意就赔偿数额达成一致意见。至此，双方的争议纠纷基本解决。鉴于石某家属生活困难，调解员指出，希望五金制造厂在遵守法律规定赔偿数额的基础上，再多给石某家属一部分钱，当然纯属自愿，也并不是以精神抚慰金的名义。最后，杨某表示厂里愿意支付石某家属共计30万元。纠纷得以解决。

调解结果

双方当事人在调解现场达成调解协议：

1. 五金制造厂赔偿石某家属30万元，于15日内一次性付清；

2. 石某家属自愿放弃追究五金制造厂因石某工伤死亡的其他法律责任和赔偿项目。

经回访，石某家属按协议最终得到了30万元，双方之间的纠纷圆满解决。

案例点评

本案的调解关键在于石某死亡能否被认定为因工伤死亡，只有确定了因工伤死亡，相关的赔偿数额才能得以确定。对此，调解员充分运用法律条文向双方当事人作出了解释，不仅做到了依法调解，更为大家普及了法律知识。同时，在调解的过程中，调解员注重寻求相关力量的帮助，比如寻求村委会支书的介入，既能让石某家属信任，又能站在公正的立场上进行劝说，对调解工作的顺利开展起到了促进作用。

此外，通过此案的调解，我们还可以发现：在调解的过程中，要善于抓住主要矛盾，只有解决了主要矛盾，问题才能迎刃而解；在调解技巧上，要注重当事人的情绪和态度，安抚好当事人情绪，及时体察当事人的顾虑，才能更好地解决纠纷；在进行法治教育的同时，要适当地进行情理引导，以最大限度地维护各方当事人的利益，体现人道主义精神。

案例43　张某与吴某劳动纠纷调解案

案情简介

张某在某省某市开了一家化妆品店，急需招聘一名服务员。正好亲戚杨某的邻居吴某歇业在家，经杨某牵线，吴某便来到了张某的化妆品店打工。两人口头约定，每月工资5000元，于次月10日一次性发放。刚开始，张某按照约定每月10日准时给吴某发放工资，高兴的时候还奖给吴某一瓶香水。吴某工作也勤勤恳恳，几乎从未有过迟到、早退的现象。

2023年4月，受供货渠道和原材料上涨等因素的影响，张某店里的生意逐渐冷清起来。为此，发工资的日子也变得不如以前确定了，并且，每次发工资的时候张某都会唠叨几句，指责吴某工作不尽心，没有想办法招徕顾客。吴某有苦难言，心里十分委屈。

又过了两个月，化妆品店生意越来越惨淡，入不敷出，张某决定再干一阵子就关门。一天，吴某的车坏在半道上，上班迟到了，张某便借题发挥，直接辞掉了吴某，还拖欠了吴某一个多月的工资。吴某看着化妆品店快要关门了，也没有说什么，只是希望张某能给自己结清工资。张某以手中没钱为由多次拒绝。吴某找到中间人杨某，杨某也没能帮她要到工资。

吴某无奈，来到张某家，表示如果张某不给工资，她就吃住在张某家不离开。一时间两人争执不下。

2023年8月8日，吴某听了朋友的劝说，来到某省某市劳动争议人民调解委员会（以下简称调委会），就张某拖欠工资一事请求调解。

调解过程

调委会接到吴某的申请后，立即联系了张某。张某一开始不接受调解，后来听了调解员的讲解后，得知他们之间确实存在劳动关系，遂表示愿意接受调解。

调委会告知双方调解原则、调解纪律、调解程序等相关内容和需要准备的相关材料后，受理了该案件，并安排专职人民调解员负责调解工作。随后，调解员大概了解了事情经过，并向中间人杨某进行了求证。

2023 年 8 月 13 日，调委会联系吴某和张某前来调委会当面调解。调解员先是让双方当事人各自说明情况。吴某称，张某欠自己一个多月工资共计 7500 元，经多次催要都没有支付。张某则称，自己生意倒闭，手头拿不出钱，且在生意红火时奖励过吴某香水，指责吴某将自己堵在家中很过分。吴某回称，她之所以上张某家中要钱，是因为担心时间长了张某赖账，毕竟两人只是经中间人杨某介绍，并没有签订书面劳动合同。听取了双方当事人的意见后，调解员总结出张某拖欠吴某工资情况属实；张某也认可拖欠吴某工资 7500 元，吴某担心张某赖账，所以才上门堵截。

为此，调解员指出，《劳动合同法》第十条规定："建立劳动关系，应当订立书面劳动合同。已建立劳动关系，未同时订立书面劳动合同的，应当自用工之日起一个月内订立书面劳动合同……"吴某与张某的化妆品店铺已经建立劳动关系，理应签订书面劳动合同。该法第三十条又规定："用人单位应当按照劳动合同约定和国家规定，向劳动者及时足额支付劳动报酬。用人单位拖欠或者未足额支付劳动报酬的，劳动者可以依法向当地人民法院申请支付令，人民法院应当依法发出支付令。"调解员教育张某，应当依照约定，全面履行自己的义务，足额支付吴某的劳动报酬，否则吴某可以向人民法院申请支付令。同时，调解员劝说吴某不应该言语过激，更不应该上门堵截，而是要采取合法合理的方式索要自己的劳动报酬，否则不仅对张某影响不好，甚至可能使自己产生违法行为。此外，虽然张某的店铺因为经营不善关门，但这不应该成为拖欠工资的合法理由。至于张某所说的香水，只是张某对吴某工作满意的奖励，在这里跟发放工资没有任何关系。

经过一番调解，张某表示，一个月之内保证支付 7500 元给吴某，希望她不要再上门围堵；吴某则表示，为自己之前的过激行为道歉，接受张某一个月内支付工资的请求。调解员称会督促双方履行调解协议。

调解结果

吴某和张某在调委会当场签订了调解协议：

1. 张某保证一个月内支付拖欠吴某的工资 7500 元，一次结清；

2. 一个月之内，吴某不再进行催要，不可打扰张某生活。

一个月后，经回访，张某如数支付了工资，并向吴某表示了歉意，两人之间也握手言和。

案例点评

人民调解往往面对的都是一些权利义务关系明确的简单纠纷，但是简单纠纷得不到合理解决往往会造成比较大的隐患。在调解过程中，要善于抓住主要矛盾，认真听取双方当事人的意见，总结出矛盾关键点所在。而本案的关键点就是双方是否对拖欠工资以及数额问题予以一致认可。只要在此问题上没有明显分歧，调解就可能取得成功。此外，还要根据当事人的态度注重适时说法，从法律角度规劝双方履行权利义务。调解结束后也要注意回访，确保纠纷彻底解决。

四、物业纠纷

案例44　蔡某与某物业公司物业纠纷调解案

案情简介

蔡某是某市某区某小区的居民，某物业公司为该小区的物业服务人。蔡某在该小区租了一间门面房，经营了一家生活超市。为方便居民购物买菜，超市每天经营时间很长，蔡某大部分时间待在超市里。他特意在超市里腾出一个小空间用于休息，并在其中置办了电磁炉、电热水壶、电暖气等大功率电器。

2022年11月，因天气寒冷，蔡某几乎全天插着电暖气。某日，因临时需要出门办事，他没有切断超市内电源，暂时将门锁上就离开了。蔡某离开后不久，超市内便发生了火情。周围居民发现后，及时拨打了火警电话。消防队赶到现场后，立即开始了对火情的扑救工作。在使用消防栓进行灭火时，由于消防栓内水压不够，导致救火工作被延误，火势蔓延，给蔡某造成了巨大的财产损失。事后，消防部门经过调查，确定火灾是电路老化、电暖气功率过大造成的。

蔡某认为，物业公司应当负责消防栓的日常维护，因消防栓水压不够而造成他的损失扩大，物业公司对此是负有责任的。因此，蔡某要求物业公司对他进行赔偿。但是，物业公司认为，消防部门给出的起火原因非常清晰，完全是蔡某自己用电不当而导致的，与他人无关。如果蔡某合规用电，也就不可能起火，更不存在财产损失问题。因此，应当由蔡某自己承担全部的责任。双方多次沟通，但每次都以失败告终。于是，蔡某来到某市某区人民调解委员会（以下简称调委会）寻求帮助。

调解过程

为解决蔡某与该物业公司的纠纷，调委会及时安排了调解员与蔡某对接。与蔡某进行初步沟通后，调解员确定蔡某与该物业公司之间的争议焦点主要在于该物业公司究竟是否应当对蔡某的财产损失承担责任。据蔡某所说，火灾发生当日，如果消防栓内水压足够，就能更早一步控制火势，减少他的损失。调解员经过走访调查，确认蔡某所说基本属实。

调解开始后，该物业公司向调委会出示了一系列证据，证明火情发生是由蔡某一人造成的，物业公司与此没有关系。该物业公司表示，其对蔡某遭受的巨大损失表示同情，但他个人的过错不能要求他人来买单。

由于蔡某情绪始终比较激动，调解员决定分别对双方进行调解。在听取双方的意见后，调解员认为该物业公司对法律规定的理解存在一定错误。于是，调解员援引了相关法律规定。《民法典》第九百三十七条第一款规定："物业服务合同是物业服务人在物业服务区域内，为业主提供建筑物及其附属设施的维修养护、环境卫生和相关秩序的管理维护等物业服务，业主支付物业费的合同。"第九百四十二条第一款规定："物业服务人应当按照约定和物业的使用性质，妥善维修、养护、清洁、绿化和经营管理物业服务区域内的业主共有部分，维护物业服务区域内的基本秩序，采取合理措施保护业主的人身、财产安全。"作为物业服务人，该物业公司应当按照物业服务合同的约定，为本小区内的业主提供物业服务。对于本小区内的公共设施，物业公司应当定期进行检查与维护，有损坏的应当及时维修，避免业主的权益因此遭到损害。该物业公司有义务对本小区内的消防栓进行检修，保证水压充足，防止突发情况发生。此次火灾虽然是由蔡某的原因引起的，但该物业公司未充分尽到其义务同样影响到对火势的控制，应当为此对蔡某扩大的损失承担赔偿责任。

经过调解员的解释，该物业公司认识到了其在此次火灾中存在的过错，表示愿意对蔡某进行赔偿，同时也承诺会加强对本公司职员的培训以及对小区内的管理，避免此种情况再次发生。最终，蔡某与该物业公司达成调解协议，双方顺利和解。

调解结果

蔡某与某物业公司在调解员的见证下达成调解协议，内容如下：

某物业公司承担蔡某损失扩大部分的赔偿责任，于 2023 年 1 月 5 日前向蔡某一次性支付赔偿金共 6.7 万元。

案例点评

在有些时候，当事人双方虽然存在纠纷，但当事人之间的责任分担及权利义务关系是较为明了的。在这种情况下，解决当事人之间矛盾的关键在于安抚当事人激动的情绪，以及从法律和情理的角度为当事人说明其应当承担的责任。在本案中，调解员在听取当事人双方意见后，迅速明确了各自的责任，并采取“背对背”“法治教育”等调解方法，使当事人心服口服。调解员在进行调解时，要充分结合调解的技巧与经验，找到最佳的调解方案，帮助当事人尽快解决纠纷。

案例45　郑某等业主代表与某物业公司物业纠纷调解案

案情简介

2022年2月，郑某购买了位于某省某市某小区5号楼二单元801室住房，并于次年1月搬入。郑某一家入住后，该单元其他业主也陆续搬入新房，但二单元101室因采光等问题，一直没有售出。

2023年5月，二单元103室的业主将自家的房屋改造成儿童医药室，出售儿童药物。一开始，郑某等业主认为开一家医药室可以方便为孩子买药，便没有在意此事。过了没多久，郑某发现103室对面的101室正在装修，便上去闲聊，询问是谁买下了该房屋。原来，101室因不好出售，被物业公司租用，准备改建成小超市。

郑某知道后，将这个消息发布在二单元业主微信群里，顿时引起了业主激烈的讨论，除了部分在外地尚未入住的业主没有回复外，大部分业主均反对物业公司将101室改造成超市。主要原因是如果超市运营，势必有货物的运输、垃圾的堆放等现象，而101室紧邻楼房入口，不仅影响美观，也会干扰业主出入。业主也考虑到如果对这种改造房屋的行为不加以制止，可能还会有其他业主将房屋改建成棋牌室、网吧等。

为此，郑某等业主找到物业公司，要求物业公司撤销开超市的计划，同时要求103室也将医药室关闭。物业公司称，超市规模较小，不会购进大的货物，只是向业主出售一些生活日用品，目的是方便业主的日常生活，保证不会影响整栋楼的卫生和业主的出行。

郑某等业主坚持要求物业公司将 101 室和 103 室恢复原有用途，103 室业主看到群内消息后，悄悄将医药室关闭，但物业公司不但没有停止开设超市，反而加紧了工期，没几天就装修完毕并放入了货架以及部分货物。

双方争执不下，郑某等小区业主便向居委会投诉，居委会未调解成功，于是他们联名向该区房产管理局、市场监督管理局等相关职能部门投诉，但问题始终没有得到解决。2023 年 8 月 25 日，郑某等业主找到该市物业纠纷人民调解委员会（以下简称调委会），请求调委会对该纠纷进行调解。

调解过程

调解员见郑某等 30 位业主一起来到调委会申请调解，意识到问题的严重性，首先稳定业主们的情绪，然后详细地询问了案件的具体情况。业主们向调解员表达了要求物业公司和 103 室的业主将超市、医药室关闭的诉求及理由。调解员听后，随即前往社区了解情况，确认业主所说情况属实，但 103 室业主已经将医药室关闭，物业公司租用的超市还在继续运营，纠纷的矛头直指物业公司。

次日，调解员来到物业公司，找到负责人程某，向程某讲明来意并表达了郑某等业主的诉求。程某表示，经营超市主要想方便业主的日常生活，而且 101 室不好出售，将房屋闲置也是浪费，不如充分利用资源，还能为业主提供便利。调解员见程某坚持己见，便摆出《民法典》第二百七十九条的规定："业主不得违反法律、法规以及管理规约，将住宅改变为经营性用房。业主将住宅改变为经营性用房的，除遵守法律、法规以及管理规约外，应当经有利害关系的业主一致同意。"同时，《最高人民法院关于审理建筑物区分所有权纠纷案件适用法律若干问题的解释》第十条规定："业主将住宅改变为经营性用房，未依据民法典第二百七十九条的规定经有利害关系的业主一致同意，有利害关系的业主请求排除妨害、消除危险、恢复原状或者赔偿损失的，人民法院应予支持。将住宅改变为经营性用房的业主以多数有利害关系的业主同意其行为进行抗辩的，人民法院不予支持。”物业公司租用了二单元 101 室，理应遵守法律、法规及管理规约的约定，不得擅自将住宅改变为经营性用房，除非经过有利害关系的业主们的一致同意。程某经过调解员的普法，了解法律规定后，意识到了物业公司的责任，但因业主人数较多，程某表示希望居委会也能参与调解，劝说郑某等业主撤回向相关部门的投诉。

调委会也考虑到业主人数较多，如果让其他机构参与调解会更有利于纠纷的解决。在调解当日，调委会邀请了居委会人员、派出所民警等人共同参与业主代表与物业公司的现场调解会。调解员从维护小区业主合法权益的角度，劝解物业公司关闭超市，最终促使物业公司与小区业主达成一致意见。看到业主们对结果已经满意，调解员和居委会主任又趁势劝郑某等人撤回对物业公司的投诉，称毕竟物业公司是给大家提供管理服务的，希望大家对其多一分宽容，尽量降低对物业公司声誉的影响。小区业主商议一番后，觉得自己的目的已经达到，便同意撤回投诉。

调解结果

郑某等业主代表与物业公司在调解员的劝说下，当场达成调解协议：

物业公司同意将超市关闭，业主同意撤回对物业公司的投诉。

至此，业主与物业公司之间的纠纷得到了圆满解决。调解员后续进行了回访，101 室的物品和设施已经搬出，房屋已经恢复原状，业主们也撤回了对物业公司的投诉，双方表示对此次纠纷处理结果非常满意。

案例点评

本案是因物业公司租用楼房并将楼房改建成超市引发的纠纷，因涉及人数较多，调委会采取动员多种力量协调解决的方法，在进行调解时邀请了居委会、派出所工作人员参与调解，以免调解不成引发更大的纠纷。

本案能够调解成功，关键还在于调解员运用了抓住主要矛盾进行调解的方法，即向物业公司指出其擅自将住宅改建成经营性用房是违反法律规定的，明确引起纠纷的责任在于物业公司，从法律方面对其进行震慑，让其同意调解。最终，在调解员的努力和居委会、派出所的大力支持下，纠纷得以化解。

案例46　于某与某物业公司物业纠纷调解案

案情简介

2019年4月，于某在某省某市某区某小区买的新房装修完成，于同年9月搬入。在入住前，于某等业主与通过招投标入驻小区的某物业公司签订了《物业管理服务协议》，约定由该物业公司负责该小区的物业管理工作，业主们按照住宅面积每月每平方米1.5元的标准向物业公司缴纳物业费。

最初，物业公司按照协议约定进行物业管理服务，业主也履行了缴纳物业费的义务，双方之间并没有任何纠纷。但是，自2022年开始，于某突然开始找各种理由拒绝向物业公司缴纳物业费。在此期间，物业公司通过电话联系、书面发送信函等方式多次向于某催要拖欠的物业费，于某均置之不理。截至 2023 年 8 月底，于某拖欠物业费共计 5380 元。

2023 年 9 月 5 日，在多次索要无果的情况下，该物业公司向某省某市物业纠纷人民调解委员会（以下简称调委会），请求对其与于某的物业管理纠纷进行调解。

调解过程

调委会收到调解申请后，对物业公司的信息进行了核实，然后向物业公司初步了解了案件的基本情况，通过了解得知纠纷的起因是于某拒绝缴纳物业费。

次日，调委会派两名调解员找到于某，询问案情。于某向调解员解释道，自己与物业公司签订了《物业管理服务协议》，并已经交付了部分物业管理费、暖气费及公共维修基金，但 2021 年年底，物业公司在业主不知情的情况下擅自将于某家楼前的空地改造成了儿童游乐场。于某喜好安静，也不像其他邻居早出晚归，他整日在家，每到饭后休息时间，小区里的孩子们来这里玩耍、打闹，严重影响了他的日常生活。于某曾找物业公司协商解决此事，物业公司却不闻不问。另外，物业公司在门禁管理方面时常出现问题，有时外部车辆能随意进出，有时业主的车辆被拒之门外。小区卫生也存在做得不到位的情况，垃圾乱扔没有人收拾，几次向物业公司投诉，但依旧没有什么好转。因为出现上述问题，所以于某才拒绝缴纳物业费。

跟双方沟通过后，调解员总结了纠纷的起因：一是物业公司将绿地改造成了儿童游乐场，给于某的日常生活造成了不利影响；二是物业公司存在物业管理服务不到位的情况；三是于某因协商不成而拒绝缴纳物业费。

明确了争议焦点，调解员与双方协调了时间，定于 2023 年 9 月 12 日在调委会进行调解，并告知双方在调解过程中享有的权利、应承担的义务及调解应遵循的原则。

当日，物业公司和于某都按约定时间来到调委会。调解开始后，调解员先向物业公司指出，物业公司修建儿童游乐场应当尊重小区业主的合理意见，依照法律和双方签订的《物业管理服务协议》的约定，征得业主的同意。另外，物业公司属于服务型企业，应向小区业主提供优质的服务，加强日常管理、提升服务质量，为业主创建一个和谐、美丽、舒适的小区环境。物业公司在门禁管理及卫生方面没有向业主提供优质服务，属于物业公司在业务管理方面的问题，应当加以改正。调解员还指出，我国《民法典》第九百四十二条第一款规定："物业服务人应当按照约定和物业的使用性质，妥善维修、养护、清洁、绿化和经营管理物业服务区域内的业主共有部分，维护物业服务区域内的基本秩序，采取合理措施保护业主的人身、财产安全。"总之，物业公司应该依法、依约做好自己分内之事，不负业主之托。

接着，调解员开始耐心劝说于某，告知于某按时缴纳物业费是业主应尽的义务，我国《民法典》第九百四十四条第一款和第二款规定："业主应当按照约定向物业服务人支付物业费。物业服务人已经按照约定和有关规定提供服务的，业主不得以未接受或者无需接受相关物业服务为由拒绝支付物业费。业主违反约定逾期不支付物业费的，物业服务人可以催告其在合理期限内支付；合理期限届满仍不支付的，物业服务人可以提起诉讼或者申请仲裁。"虽然物业公司在未征得业主同意的情况下修建娱乐设施，但这不能成为业主不缴纳物业费的理由，因为物业公司也按协议的约定履行了提供物业服务的义务，业主在享受服务的同时，理应支付相应的物业服务费。针对于某所说的物业公司提供物业服务不到位的情况，调解员向于某解释道：若物业公司存在这类问题，于某可向物业主管部门等相关部门进行投诉，要求物业公司加强管理，提升服务品质。

调解员还告诫于某要通过合法、合规的途径维护自己的合法权益，而不是通过拒绝缴纳物业费等不合法的方式进行对抗，否则本来自己是有理有据的一方，却要承担违法违约的责任。

双方当事人听完调解员的劝说后，都认识到自身存在的问题，表示同意与对方和解。于是，双方在调解员的主持下，当日就签订了调解协议。

调解结果

于某与某物业公司当场达成调解协议：

1. 于某于 2023 年 9 月 30 日前通过现金方式向某物业公司一次性支付拖欠的物业费 5380 元，物业公司不再收取滞纳金；

2. 物业公司于 2023 年 10 月 31 日前将儿童游乐设施移至小区其他不扰民的空地处；

3. 物业公司制定并实施业主对物业公司服务进行评分制度，依据业主的建议提升服务质量。

案例点评

现实生活中，业主与物业公司时常产生纠纷，主要表现在业主为维权拒绝缴纳物业费，而物业公司为催要物业费采取给业主停水、停电等不正当手段。上述案例中的纠纷事实比较简单，一是物业公司违反协议约定，未征得业主同意便修建娱乐设施，影响了业主的日常生活；二是在服务质量上存在欠缺。而业主于某则是不应通过拒绝缴纳物业费的方式维权。

在调解过程中，调解员运用了抓主要矛盾的调解方法，明确指出双方当事人存在的问题，并摆出法律条文，让双方当事人认识到自身行为的不当，从而接受调解员的劝说，同意与对方和解，最终使得本案得以调解成功。

五、环境污染纠纷

案例47　郭某与许某环境污染纠纷调解案

案情简介

郭某是某市某区某小区的居民，其居住的单元楼下面有很多店面。2023年年初，许某租下了其中的一处店面，用于经营蛋糕店，并开始对该店面进行装修。因为装修噪声较大，郭某等楼上邻居深受其扰。更令郭某生气的是，许某将排气扇安装在郭某家的窗户下，蛋糕店开业后，排风扇整日运转，不但有很大噪声，还经常排出热气，严重影响了郭某的正常生活。

郭某多次找到蛋糕店，与许某进行商量，让他们将排气扇移走。许某虽然嘴上答应了，但仍然没有移走排气扇。对此，郭某非常生气，便给物业公司打电话投诉。

物业公司接到郭某的投诉后，多次找到许某交涉，仍然未果。

无奈之下，郭某只能再次上门找到许某，不仅要求其把排气扇移走，还称许某装修蛋糕店期间严重影响了他的正常休息，要求许某赔偿他损失费500元。许某不同意，为此，两人发生争吵。后来，郭某又多次到许某的蛋糕店要求许某进行赔偿，最后都不欢而散。

2023年5月，郭某再次找到许某，而这次许某直接破口大骂。一气之下，郭某砸坏了许某店里的5块玻璃（价值约300元）。物业公司得知后，马上赶到现场，制止了两人的争吵。之后，郭某找到某市某街道人民调解委员会（以下简称调委会），请求对许某装修蛋糕店扰民一事进行调解。

调解过程

调委会及时受理了申请，并马上联系许某，询问其意见，许某表示愿意调解。

调解员了解了基本情况后，到许某的蛋糕店查看了排气扇的位置，认定许某所安装的排气扇的位置的确不合理。

2023 年 7 月 3 日下午，调解员召集郭某、许某和物业公司工作人员来到调委会进行调解。在听完双方的陈述后，调解员总结了双方的争议之处：郭某要求许某移除排气扇，并赔偿其因噪声遭受的精神损失。许某不同意，并要求郭某赔偿所损坏的玻璃费用。

针对此情况，调解员耐心地为郭某和许某讲解相关法律规定，先告诉郭某，许某在合理的时间内装修蛋糕店，属于正常施工，即使发出噪声干扰到邻居，也不必赔偿。装修难免发出噪声，只要属于在合理限定的时间内作业，邻居应该给予理解。随后，针对排气扇安装的位置不当，调解员又向许某依法作出了讲解。我国《噪声污染防治法》第六十一条规定："文化娱乐、体育、餐饮等场所的经营管理者应当采取有效措施，防止、减轻噪声污染。"第六十二条规定："使用空调器、冷却塔、水泵、油烟净化器、风机、发电机、变压器、锅炉、装卸设备等可能产生社会生活噪声污染的设备、设施的企业事业单位和其他经营管理者等，应当采取优化布局、集中排放等措施，防止、减轻噪声污染。"并且，《民法典》第二百八十八条还规定："不动产的相邻权利人应当按照有利生产、方便生活、团结互助、公平合理的原则，正确处理相邻关系。"第二百九十四条规定："不动产权利人不得违反国家规定弃置固体废物，排放大气污染物、水污染物、土壤污染物、噪声、光辐射、电磁辐射等有害物质。”这一系列的法律规定，无不印证蛋糕店应该将排气扇的位置另行安排至合理之处。许某将排气扇安装在居民的窗户下，实为违法行为。听到这些，许某强硬的态度有所转变，但坚持不予赔偿，并强调起郭某砸坏其玻璃之事。郭某见状，也理直气壮起来。

见双方僵持不下，调解员建议双方各退一步，郭某放弃赔偿请求，许某不再追究损坏玻璃一事，并将排气扇移走。同时，对他们晓之以理，动之以情，讲起了“六尺巷”的故事，告诉他们邻居之间要互相帮助、互相体谅。之后，调解员又让许某去郭某家中，实际感受了一番排气扇打开时对郭某家造成的影响。在调解员的耐心劝说之下，双方最终接受了调解员的建议。

调解结果

郭某与许某达成调解协议：

1. 郭某放弃要求许某赔偿损失；
2. 许某不再追究玻璃损坏一事，并将排气扇移走。

案例点评

在调解的过程中，调解员不仅讲解了法律，还耐心细致地做双方当事人的思想工作，为他们讲道理，采取有针对性的调解方式，解除他们的心理障碍，促使他们握手言和。

在调解工作中，调解员不能只是简单地讲解法律与说教，更不能在双方矛盾激化时旧话重提，而应当懂得让当事人设身处地换位思考，并对其晓之以理，动之以情，使其从心底接受合法合理的纠纷调解结果，从而达到彻底化解纠纷的目的。

案例48　某村村民与某编织袋工厂环境污染纠纷调解案

案情简介

2019 年冬，某小型编织袋工厂搬迁至某省某市某县某村。自从该工厂搬到村子里之后，村里的空气变得不好起来，工厂附近的农田质量也受到影响，作物产量越来越低。

村民代表找到该工厂的负责人，反映其排放的废气废水给他们的生活造成的影响。一开始时，该工厂的负责人为了安抚村民们，称他们正在商量购进更先进的设备，等到安装新设备之后，就不会再像原来一样了。可是，村民们等了一年，该工厂也未更换设备。之后，村委会主任及村民代表多次找到工厂负责人，该负责人都以各种理由避而不见。

2023 年 3 月 19 日，该村派出 3 名代表，来到某县某乡民事纠纷调解委员会（以下简称调委会），反映该工厂所排放的废水和废气给他们造成的影响，请求调委会解决此事。

调解过程

调委会接到村民们的申请后，鉴于此案牵涉的人数较多，影响较大，立即报告了调委会主任。调委会主任又将此事上报至当地的乡政府领导，请求乡政府出面协助解决。乡政府领导得知后，安排环保所的 2 名工作人员到现场进行调查。

经过调查得知，编织袋工厂所排放的废气废水确实已经影响了村民的生产生活，但其排污情况还在法定的标准范围内。调委会接到调查结果后，进行了相关的调解前准备。2023 年 4 月 8 日，乡政府领导、司法所工作人员和调解员组织该村村民召开了现场听证会。

村民要求编织袋工厂更换更先进的排污设备，并就已造成的损害进行赔偿。但是，该工厂的负责人认为，工厂排出的废气和废水符合排污标准，他们也不是故意去造成污染，故无须对村民的损害承担赔偿责任。

调解员告诉工厂的负责人，我国《环境保护法》第四十二条第一款明确规定："排放污染物的企业事业单位和其他生产经营者，应当采取措施，防治在生产建设或者其他活动中产生的废气、废水、废渣、医疗废物、粉尘、恶臭气体、放射性物质以及噪声、振动、光辐射、电磁辐射等对环境的污染和危害。"可见，减少污染物对环境造成的损害是工厂的法定义务。同时，我国《民法典》第一千二百二十九条规定："因污染环境、破坏生态造成他人损害的，侵权人应当承担侵权责任。"《最高人民法院关于审理生态环境侵权责任纠纷案件适用法律若干问题的解释》第四条第一款规定："污染环境、破坏生态造成他人损害，行为人不论有无过错，都应当承担侵权责任。"也就是说，环境污染责任采用的是无过错责任原则，即使该工厂排放的污染物符合标准，但因其行为已经给村民造成了损害，因此仍需要承担损害赔偿责任。

在调解员讲解完之后，乡政府领导请在场的村民自由发言。其中一位村民称，他家的农田在该工厂附近，原来每年都种植玉米，收成非常好，可是，自从工厂搬入之后，由于污染，连续两年种的庄稼产量都很低。

此外，调解员还拿出一份调查数据，显示自从该工厂搬入之后，常有村民患有呼吸道疾病，罹患癌症的人数也较前些年有所增加。如果再继续生活在这种环境中，村民们面临的不仅是经济上的损失，更是对健康安全的威胁。这时，调解员又从情理上劝说工厂负责人，告诉他不能只为了自己的利益，也应当承担社会责任，不能以牺牲附近村民的利益甚至是生命为代价来换取自己的效益，这种行为不仅是不道德的，也是违法的。像编织袋工厂这样的单位，产生污染在所难免，但是作为工厂本身，应该充分考虑环保问题，牢记“绿水青山就是金山银山”，坚守环保红线，将对环境的影响尽量降到最低。

听了村民和调解员的发言之后，该工厂的负责人当场向在座的村民道歉，表示会马上更换设备，并赔偿给村民们造成的损失。乡政府领导表示，会帮助编织袋工厂解决用地问题，尽快让其搬到较为安全的区域。

调解结果

经过调解，某村村民与某编织袋工厂当场达成调解协议：

1. 工厂出资为村民改善被污染的土壤，并按照附近农民每年的收益赔偿其经济损失；

2. 工厂更换排污设施，并在政府的帮助下尽快将厂房迁往安全的区域。

案例点评

在本案的调解中，调委会认识到只靠自身的力量难以解决问题，故及时上报了当地的乡政府领导，请求乡政府出面协助解决问题。同时，调解员全面分析问题，与乡政府工作人员一起进行实地调查，找出纠纷的重点，并懂得抓住时机，通过普法、讲理，使企业认识到自己存在的问题，既妥善解决了村民们面临的污染问题，维护了村民们的合法权益，也保障了企业的经济效益。

作为调解员，要懂得全面分析问题，做好解决问题的准备工作，懂得抓住时机，防止矛盾扩大和深化。

六、消费纠纷

案例49 刘某与某电动车店铺消费纠纷调解案

案情简介

居住在某省某市某区的刘某在当地一家电动车店铺买了一辆轻型电动车，原价2500元，促销价1680元。店铺老板表示：该电动车续航里程至少有30公里，机身采用钢架结构，质量好又特别结实，电机有唯一的编号，保证是合格产品。

三个多月后，刘某感觉电动车的电池明显不行，不但电量消耗很快而且车身总是摇晃，稳定性能明显下降。

一个雨天，刘某照常骑电动车去上班，刚骑了一小会儿，电动车突然不能正常发动了。他来到附近的修理铺修车。修理铺的师傅说是因为下雨进水导致控制器出了问题，需要更换控制器，费用200元。在维修的过程中，师傅发现，刘某这台电动车貌似是以旧改新的产品，便随口告诉了刘某。

次日，刘某来到该电动车店铺，称自己购买的车是以旧改新，要求退货或者换一辆新的。店铺老板称，7日内包退，15日内包换，刘某购买的车辆早已经过了约定的期限，故不同意更换。刘某见老板如此态度，便直截了当地说他这是欺诈行为，不仅要求退款，还要求赔钱。由此，纠纷发生。

2023年6月27日，刘某以电动车店铺存在以旧改新的欺诈行为为由，申请某市消费纠纷人民调解委员会（以下简称调委会）进行调解，要求电动车店铺返还已付货款1680元，并根据《消费者权益保护法》第五十五条规定，支付货款3倍的赔偿金。调委会经电话联系该店铺老板，其表示愿意接受调解。

调解过程

调委会在了解案件基本情况以后，决定指派专职人民调解员受理该案。调解员召集刘某和电动车店铺老板来调委会进行调解，并告知了双方当事人调解原则、调解纪律、调解程序等相关内容。

调解员认真听取了双方的陈述。刘某认为电动车属于翻新产品，店铺老板存在欺诈行为，要求退货退款并赔偿。而店铺老板否认翻新，更不认可欺诈行为，称让刘某去做鉴定。调解员看出，店铺老板严重缺乏法律知识，于是，调解员耐心地为其讲解了相关法律。《消费者权益保护法》第二十三条规定："经营者应当保证在正常使用商品或者接受服务的情况下其提供的商品或者服务应当具有的质量、性能、用途和有效期限……经营者以广告、产品说明、实物样品或者其他方式表明商品或者服务的质量状况的，应当保证其提供的商品或者服务的实际质量与表明的质量状况相符。经营者提供的机动车、计算机、电视机、电冰箱、空调器、洗衣机等耐用商品或者装饰装修等服务，消费者自接受商品或者服务之日起六个月内发现瑕疵，发生争议的，由经营者承担有关瑕疵的举证责任。"电动车属于耐用商品，因此，刘某在购买电动车六个月内发现电量不足、车身不稳，疑似翻新车辆等瑕疵，与经营者产生争议的，应当由电动车店铺承担有关瑕疵的举证责任，如提供进货证明、车辆合格证等。如果其不能证明，那就有欺诈嫌疑。

听了调解员的讲解，电动车商铺老板同意退货退款，但是对额外支付3倍赔偿坚决表示不同意。调解员接着指出，根据《消费者权益保护法》第五十五条第一款："经营者提供商品或者服务有欺诈行为的，应当按照消费者的要求增加赔偿其受到的损失，增加赔偿的金额为消费者购买商品的价款或者接受服务的费用的三倍；增加赔偿的金额不足五百元的，为五百元。法律另有规定的，依照其规定。"也就是说，如果电动车店铺确实存在欺诈行为，理应退款的同时，额外支付价款的3倍赔偿。考虑到充分认定店铺存在欺诈行为还有待进一步的论证，于是，调解员转向刘某，提议其要求500元的赔偿，额外报销修车费用。刘某考虑后表示认可。调解员又询问了店铺老板的意见，征得同意。最终，电动车店铺老板与刘某达成调解协议。

调解结果

双方当事人当场达成调解协议：

1. 电动车店铺老板退还刘某购买电动车的费用1680元，报销刘某修车费用200元，并支付赔偿500元，共计2380元；
2. 刘某退还电动车给商铺。

该协议于签约当天履行完毕，纠纷化解。

案例点评

人民调解之所以能够快速、有效地化解纠纷，应极大地归功于它的灵活性。在一些纠纷中，如果定要论个究竟，往往需要当事人付出时间、精力、金钱等才能见分晓。而之所以当事人能够将纠纷提交到调委会来解决，为的就是免去诉讼中的一些麻烦。那么，有一些比较麻烦的证明，可能在调解中便可以忽略。正如在本案中，认定电动车店铺是否存在欺诈不是那么简单的事，而对于消费者刘某来说，起初他的想法是更换新车即可，说明对于赔偿数额有很大的商量余地。于是，调解员就赔偿问题给出了建议，很快将双方纠纷化解。当然，坚持依法调解还是必要的。本案中，正是因为调解员立足于法律向店铺老板作了分析，才对其起到了震慑的作用。

案例50 张某与某火锅店消费纠纷调解案

案情简介

2022年8月28日，家住某省某市某区的张某为庆祝儿子顺利升入大学，在某火锅店举办升学宴。吃饭期间，亲朋好友不断举杯表示祝贺，张某很高兴，不由得多喝了几杯。不一会儿，张某起身去卫生间，由于保洁员刚拖了地，地面十分光滑，张某不慎摔倒，与迎面走来的服务员发生碰撞，服务员手中提着的高汤浇到张某手臂上，瞬间起了好多水泡。

火锅店老板急忙将张某送至医院，并对当天的消费免了单。后经过医生诊断，张某手臂烫伤严重，需要入院治疗。

出院后，张某来到火锅店讨要说法，要求该火锅店赔偿医疗费、误工费及精神损害赔偿共计30000元。火锅店老板则称责任在于张某，与自己无关，何况已经免去了张某的用餐费用。几次索要后，火锅店老板变得不耐烦，认为张某纯属无理取闹；张某则认定火锅店老板唯利是图，只注重金钱利益，不注重顾客的安全，理应做出赔偿。两人互不让步，争执不下。

2023年10月10日，张某来到某市消费纠纷人民调解委员会（以下简称调委会），请求就自己在某火锅店摔倒烫伤一事进行调解。

调解过程

调委会接到张某的申请后，便联系了火锅店老板，其表示同意调解。当日，调委会受理了该案件，并安排专职人民调解员对当事人双方进行调解。

在调解的过程中，调解员首先向张某和火锅店老板了解相关情况。张某指出，他在火锅店用餐时，因店内地面湿滑致其摔倒受伤，要求火锅店赔偿医疗费、误工费及精神损害赔偿共计 30000 元。火锅店老板称，是张某自己不小心摔倒，与服务员发生碰撞才导致其手臂烫伤，与火锅店无关，况且当日还对张某等人花费的 1860 元进行了免单，店里没有义务对其进行赔偿。张某称，地面刚经过擦洗，十分光滑，如果火锅店保持地面干燥，自己便不会滑倒，也就不会发生烫伤事件。火锅店老板则称，当时的地面已经干了，而且好多顾客走来走去都没有问题，是张某自己喝醉了走不稳摔倒的。

双方争执不下，吵得不可开交。针对双方当事人的陈述和态度，调解员总结出纠纷的关键在于当时地面是否因刚刚擦洗而十分光滑。只有对该情况进行认定，才能找到调解的突破口和归结责任方的事实依据。为此，调解员提议，改日进行调解。

第二天，调解员来到火锅店调查情况，为第二次调解做准备。调解员向老板要求出示当天的监控录像，刚开始老板以监控损坏为由不肯配合，调解员对其进行耐心的劝说后才调出监控录像。经查看，当时保洁员确实刚擦过地面不久。为了让火锅店老板信服，他们当场还进行了一次试验，证实刚擦洗的地面确实十分光滑。

找出问题的关键后，调解员立即通知双方当事人进行第二次调解。次日，双方当事人在调委会再一次进行调解。张某仍然要求火锅店赔偿 30000 元。见火锅店老板还想推脱责任，调解员指出，

《消费者权益保护法》第十一条规定："消费者因购买、使用商品或者接受服务受到人身、财产损害的，享有依法获得赔偿的权利。"第十八条规定："经营者应当保证其提供的商品或者服务符合保障人身、财产安全的要求……宾馆、商场、餐馆、银行、机场、车站、港口、影剧院等经营场所的经营者，应当对消费者尽到安全保障义务。"张某到火锅店进行消费，火锅店应对张某尽到安全保障义务。火锅店老板自知理亏，表示愿意承担赔偿责任，但认为30000元数额太大，自己只同意赔偿20000元。张某则称，30000元一分不能少。

针对这种情况，调解员接着指出，《消费者权益保护法》第四十九条规定："经营者提供商品或者服务，造成消费者或者其他受害人人身伤害的，应当赔偿医疗费、护理费、交通费等为治疗和康复支出的合理费用，以及因误工减少的收入……"调解员向双方当事人认真讲解法律，指出赔偿请求必须依法有据，并让张某拿出相关费用的票据，最终准确计算出医药费和误工费数额为25185元。考虑到火锅店老板已经给张某用餐免单，再加上张某被烫伤的手臂恢复良好，调解员便劝说张某放弃精神损害赔偿，只就实际经济损失要求赔偿。张某同意。火锅店老板见张某爽快，自己主动同意赔偿他共计26000元。至此，纠纷圆满解决。

调解结果

在调委会的调解下，双方达成协议：

火锅店一次性付给张某医疗费、误工费等共计26000元，3日内付清。

经回访，调解协议已于3日内履行完毕，双方当事人对调解结果表示满意。

案例点评

在本案的调解过程中，调解员采取了将解决思想问题与解决实际问题相结合以及依法调解的方法。调解员通过做火锅店老板的思想工作拿到监控录像，从而确认了责任方，随后，为了让火锅店老板信服，调解员还进行了现场试验。同时，调解员又摆出经营者负有安全保障义务的法律条款，从法律上进一步来说服火锅店老板，促使其同意作出赔偿。在双方就赔偿数额未能达成一致的情形下，调解员又将法律和事实相结合，最终促成双方达成合意。本次调解有理有据、有情有义，让人信服。

七、旅游纠纷

案例51　任某与某酒店旅游纠纷调解案

案情简介

2023年8月18日，任某和好友一起到某省某景区旅游，并入住提前预订的某酒店。8月19日，任某和朋友从酒店出来后就直接去了某景点。到达景点之后，任某发现自己的钱包忘在了酒店的桌子上，本打算回去取，但因路程较远，而且手机支付也很方便，当时并没有返回。然而，在他们回到酒店之后，任某发现自己放在酒店房间内的钱包不见了，钱包里有身份证、信用卡以及2000元现金。任某马上联系酒店的前台。酒店的工作人员称除了保洁人员之外，没有任何人进入过他们的房间。

因找不到钱包，任某选择了报警。当地的民警赶到之后，经过调查得知，原来当天任某和朋友在酒店吃了很多零食，钱包就在放零食的桌子上，后来零食袋子等将任某的钱包盖在了下面。保洁人员打扫时，就直接将这些垃圾和钱包一起扔掉了。

任某要求酒店赔偿自己的损失，其中包括现金2000元以及自己以后办理信用卡和身份证的费用200元。但是，酒店认为任某丢失钱包并非保洁人员的责任，是任某自己导致的，酒店无须对此承担任何赔偿责任。鉴于双方对酒店是否承担赔偿责任产生纠纷，当地的辖区派出所便委托该市旅游纠纷人民调解委员会（以下简称调委会）介入调解。

调解过程

调委会根据公安机关的调查情况和双方当事人的陈述总结出双方争议的焦点为：一是酒店是否需要承担责任；二是赔偿金额应如何确定。

任某认为自己在该酒店住宿，酒店有责任负责其财产的安全，而且钱包的丢失是酒店保洁人员的失误造成的，故酒店需要承担赔偿责任。但是，酒店的经理认为，任某钱包丢失是因其自身的疏忽造成的，如果其不将钱包放在垃圾下面，保洁人员就不会将钱包当作垃圾扔掉，况且保洁人员没有义务在扔垃圾时还要仔细检查，因此，酒店拒绝赔偿任某的损失。

任某听到酒店经理的陈述之后，非常气愤。此时，调解员马上拿出《民法典》的规定，告诉酒店经理，根据该法的规定，旅客入住酒店，便与酒店形成了服务合同关系，酒店除了按照合同约定为旅客提供相应的住宿条件外，还要保障其人身安全和财产安全。此外，我国《消费者权益保护法》第十八条规定："经营者应当保证其提供的商品或者服务符合保障人身、财产安全的要求。对可能危及人身、财产安全的商品和服务，应当向消费者作出真实的说明和明确的警示，并说明和标明正确使用商品或者接受服务的方法以及防止危害发生的方法。宾馆、商场、餐馆、银行、机场、车站、港口、影剧院等经营场所的经营者，应当对消费者尽到安全保障义务。"所以，酒店有保障任某人身安全和财产安全的义务。并且，酒店的保洁人员在打扫任某的房间时，较为粗心，没有检查扔掉的垃圾中是否有贵重物品，存在一定的过错。因此无论从哪个角度来看，酒店都需要为此承担法律责任。

听了调解员的讲解之后，酒店经理若有所思，正当他准备辩解时，调解员又对任某说，任某也存在一定的过错，其明知酒店按照惯例会打扫房间，却仍将自己的钱包放在垃圾里面，没有尽到妥善保管的义务，故可以减轻酒店的赔偿责任。任某听完后，也没有立刻反驳了。

接下来，调解员趁热打铁，又一次征询双方的意见。酒店经理称可以赔偿，但是任某钱包里到底有多少钱谁也无法证明。这时，调解员劝任某，是不是能降低赔偿数额要求。调解员说，虽然任某的朋友也证明其钱包里确实有 2000 元现金，然而，由于没有其他证据予以佐证，而且任某自己存在一定的过错，故建议任某不应按其丢失财物的全额主张赔偿。

为此，调解员建议双方各退一步，最后，在调解员的努力劝说之下，双方达成了一致意见。

调解结果

任某与某市某酒店于调解当场达成调解协议：

酒店赔偿任某丢失财物的损失 1100 元，并免除任某等人两天的住宿费用。

案例点评

在本案中，当事人一方作为旅客，在丢失财物之后比较着急，如果不能妥善处理，很容易激化矛盾。调委会根据公安机关的调查情况，耐心听取了双方的陈述，及时总结出双方争议的焦点，为快速、准确地解决纠纷作了很好的铺垫。并且，调解员在找到双方的争议焦点之后，首先依法劝说酒店经理，安抚了旅客的情绪，之后又转向劝说旅客，说明其存在的过错之处，不偏不倚，将情理与法理相结合，赢得了双方的信服，最终使双方达成一致意见。

案例 52 郑某等人与范某等其他游客旅游纠纷调解案

案情简介

2023 年 6 月，郑某与家人等一行 7 人到某市某景区旅游。游玩之后，大家准备乘车返回酒店，在候车区排队等车时，郑某的妻子和女儿去了一趟卫生间，回来便直接找到郑某等人一起排队。由于等车的人非常多，排在他们后面的范某等 6 名游客看到郑某的妻子和女儿插队，非常气愤，质问她们为什么不按照顺序排队。郑某的妻子解释说他们是一家人，刚刚她们去了卫生间，所以才插到队伍中的。

此时，范某等 6 人仍然很气愤，纷纷说即便是一家人也应该按照秩序排队，还说他们没有素质，在公共场合随意插队，不考虑别人，自私自利。为此，双方发生口角。

由于大家争执不下，还发生了肢体冲突，导致双方都有不同程度的皮外伤。景区的民警发现之后，及时上前制止并准备进行现场调解。但是，因双方互不相让，无法达成一致，最后民警将此案移交给当地的旅游纠纷人民调解委员会（以下简称调委会）进行调解。

调解过程

调委会先征求了双方当事人的意见，大家都表示愿意接受调解，于是，调委会于当日受理了此案。由于涉案人数较多，如果不能及时处理，很可能会导致矛盾激化，引发群体性事件。因此，调委会及时与景区的民警联系，请他们进行协助，同时分工开展工作。

首先，调委会了解了双方当事人的受伤情况，安抚当事人的情绪，避免矛盾进一步加深，并及时安排受伤人员入院治疗。经过检查，医院确定受伤人员都为轻微皮外伤。

其次，为了避免矛盾激化，在双方当事人接受治疗之后，调委会连夜展开调解工作，分别对双方当事人进行心理疏导，展开谈话。第二天，调解员又组织大家到调委会进行调解。虽然经过一夜的劝说，但双方当事人各自进行陈述时，仍然各执一词，都说是对方先动的手，又争执起来，破口大骂，情绪非常激动，调解工作陷入僵局。此时，调解员查看了从民警处调取的监控录像，核实情况。

在了解了相关情况后，调解员开始对较为年长的当事人做思想工作。调解员说，大家出来游玩就是为了欣赏美景，放松心情，享受生活，现在却因为插队这件小事影响了本来非常愉快的旅行，是得不偿失的，而且这件事情并不只是某一方的错误，通过观看监控录像判断，双方都存在过错。调解员还说，作为年长者，能否劝说一下年轻人，大家各退一步，握手言和，不然总是这样僵持下去，不但影响旅行的进程，影响心情，也会产生一定的经济损失。

在做完思想工作之后，调解员又为大家普及法律知识，根据我国《治安管理处罚法》的规定，在公共场所扰乱公共秩序，妨害公共安全，侵犯人身权利、财产权利，妨害社会管理，具有社会危害性，依照《刑法》的规定构成犯罪的，依法追究刑事责任；尚不够刑事处罚的，由公安机关给予治安管理处罚。在本案中，公安机关没有追究大家的行政责任。如果双方当事人再次激化矛盾，导致事态扩大，那么很可能会被处以罚款或者拘留的行政责任，甚至会承担刑事责任。

在经过反复劝说之后，最终双方都承认了自己的错误，握手言和。

调解结果

经过调解，当事人双方达成调解协议：

1. 双方均承认错误，并为自己的行为向对方道歉；
2. 双方各自负担自己的医疗费用。

案例点评

本案的调解难度在于涉案人数多，稍有不慎可能引发群体性事件。为此，调解员采取分工合作的方法，首先安抚当事人的情绪，进行心理疏导，避免事件的扩大。在调解过程中，调解员适时改变调解策略，在调解陷入僵局时，能够抓住主要矛盾，对症下药，通过说服当事人中的年长者，达到双方和解的目的。

在调解工作中，调解员要适当运用调解技巧，根据纠纷的实际情况进行调解。在此案中，调解员并未在一开始就普及法律，由于双方当事人情绪非常激动，调解员先对其做思想工作，在安抚当事人的情绪之后，才为大家普及法律，最后通过努力劝说促使双方和解。这既化解了当事人之间的纠纷，也达到了很好的普法效果。如果调解员一开始就为当事人普及法律，则可能会导致他们的情绪更加激动，反而不利于纠纷的解决。

八、互联网纠纷

案例 53　赵某、陈某某与某网络公司互联网纠纷调解案

案情简介

陈某某是一名单亲妈妈，独自带着 13 岁正在上初中的儿子赵某一起生活。因为平时陈某某工作较忙，有时会顾不上儿子的饮食。出于对儿子的信任，她将自己的银行卡绑定了赵某的微信号，方便他平时外出吃饭或购买一些文具，而手机接收的银行卡动账信息也能让陈某某更方便地掌握赵某平时的动向。

2023 年 12 月，陈某某的动账通知服务到期，但她因工作繁忙并未注意到这一点，没有续订该服务。并且，因赵某平时成绩较好，性格也比较安静乖巧，陈某某对他很放心，已经很长时间没有查看过消费记录了。2024 年 3 月，陈某某偶然间查看近期消费记录时，发现了很多笔异常支出，且已经持续了两三个月。她第一时间想到了儿子赵某，在她的盘问下，赵某承认自己在过去的几个月购买了他人的游戏账号，并经常背着她在游戏中充值。经过计算，赵某的充值金额已经高达 7000 多元。陈某某对此感到十分气愤，认为游戏公司没有道德，诱导未成年人充值。随后，陈某某联系到开发该游戏的网络公司，要求对赵某充值的金额进行返还。该网络公

司进行核查后，查明所充值款项是通过某成年人名下的账号完成的，不能证明是赵某的充值行为，拒绝返还充值金额。双方几番争执无法达成协议，陈某某便来到某市某区人民调解委员会（以下简称调委会），请求对其与该网络公司之间的纠纷进行调解。

调解过程

调委会在收到陈某某的调解申请后，第一时间安排了调解员为她解决纠纷。由于某网络公司注册地在外省，需要过几天才能派负责人前来参与调解，调解员便先邀请陈某某与她的儿子赵某来到调解室。在了解事情的来龙去脉后，调解员对陈某某激动的情绪进行了一番安抚，随后告知她具体的调解时间，安排她与该网络公司的负责人进行面对面调解。

到了调解当日，陈某某、赵某与该网络公司的负责人均准时出现在调解室。调解员先让双方表明自己的主张，以便有针对性地为他们解决问题。陈某某率先开了口，表示自己的儿子赵某还是未成年人，在进行充值时，游戏中并未出现任何提示性话语，并且也没有面部识别等防止未成年人进行充值的措施。这属于该网络公司对未成年人的保护不完善，应当返还赵某在游戏中所充值的所有金额共计 7600 元。

该网络公司的负责人表示，赵某所充值的该款游戏在注册账号时，会要求用户进行真实身份认证，未成年用户将在游戏时间与充值金额方面受到限制。而陈某某与赵某所提供的账号实名认证为其他成年人，该网络公司无法确定该账号是否为赵某使用。况且，陈某某作为监护人，有义务对子女进行教育和管理。对于未及时发现赵某的充值行为而导致的财产损失，陈某某同样应当承担一定的责任。

对于该网络公司的意见，陈某某提供了赵某向他人购买账号的记录以及充值时的多笔支付账单。调解员将陈某某提供的材料与该网络公司提供的游戏后台充值数据进行对比，发现陈某某的微信支付账单与游戏后台充值记录中记载的充值时间与充值数额完全吻合。这些证据足以证明该账号为赵某使用。听取双方意见后，调解员认为，想解决纠纷，需要明确双方各自应当承担的责任。

首先，调解员指出，《未成年人网络保护条例》第四十四条规定："网络游戏、网络直播、网络音视频、网络社交等网络服务提供者应当采取措施，合理限制不同年龄阶段未成年人在使用其服务中的单次消费数额和单日累计消费数额，不得向未成年人提供与其民事行为能力不符的付费服务。"第四十六条规定："网络游戏服务提供者应当通过统一的未成年人网络游戏电子身份认证系统等必要手段验证未成年人用户真实身份信息。网络产品和服务提供者不得为未成年人提供游戏账号租售服务。"由此可见，网络游戏服务提供者对于防止未成年人沉迷游戏、过度网络消费等具有法定义务。而网络公司显然做得还不够。赵某作为未成年人，纵使可通过网络公司监管不到的渠道或平台购买到其他成年人的游戏账号，但当他使用该游戏账号登录游戏界面、使用自己的微信号进行游戏充值时，网络公司没有设置如身份验证等任何措施，可见网络公司监管力度不够，未真正履行上述法定义务。

接着，调解员又说，《民法典》第十九条规定："八周岁以上的未成年人为限制民事行为能力人，实施民事法律行为由其法定代理人代理或者经其法定代理人同意、追认；但是，可以独立实施纯获利益的民事法律行为或者与其年龄、智力相适应的民事法律行为。"第一百四十五条第一款规定："限制民事行为能力人实施的纯获利益的民事法律行为或者与其年龄、智力、精神健康状况相适应的民事法律行为有效；实施的其他民事法律行为经法定代理人同意或者追认后有效。"从这两条规定可知，赵某作为已满 8 周岁的未成年人，并不能实施所有的民事法律行为。他在该游戏中的充值金额高达 7600 元，这一金额超出了他的认识能力，其充值行为必须在陈某某同意或者进行追认后才有效。因此，在陈某某拒绝追认的情况下，赵某的充值行为不发生法律效力，该网络公司应当将充值金额进行返还。

此外，赵某还是学生，应当将自己的精力放在学习上，不应沉迷游戏，更不能在未告知监护人的情况下擅自进行大额消费。而陈某某作为赵某的监护人，应当尽到监护人的职责，对赵某进行教育和管理，不仅要管束赵某的行为，帮他建立良好的生活习惯，还应当保管好自己的财产。因此，陈某某未能及时发现赵某的异常消费行为，表示其并未尽到充分的监护人职责，同样需要为此承担一部分责任。对于调解员的说法，陈某某与该网络公司的负责人都表示了认可。最终，在调解员的努力下，双方确定了各自承担的责任比例，并达成了调解协议。

调解结果

在调解员的见证下，陈某某、赵某与某网络公司达成调解协议，内容如下：

1. 对于赵某的充值行为给陈某某造成的财产损失，陈某某、赵某承担 50%责任，该网络公司承担 50%责任；

2. 该网络公司于三个工作日内，将 3800 元（即充值款的 50%）汇入陈某某账户。

案例点评

本案的争议焦点在于双方当事人对各自的责任承担有所异议。要解决此纠纷，需要调解员在对案件经过进行充分了解的前提下，从法律及情理的角度说服当事人。在本案中，调解员先是采用了

“面对面”的调解方式，使双方当事人能够更为直接明了地表达各自的意见。随后，调解员以法律规定作为论据，充分说明了双方当事人在此争议中各自需要承担的责任，使双方当事人心悦诚服，从而达成调解。

案例54　唐某某与杨某、某网站互联网纠纷调解案

案情简介

2023年4月，唐某某计划带家人去某省游玩。确定好行程后，唐某某通过某网站以折扣价预订了位于某省某市某区星光路58号一套民宿，房型为三室两厅，面积约121平方米，可供6~7人居住；房价为整套房的打包价（含服务费，无早餐），每晚368元；入住民宿的时间是2023年5月9日下午1点至2019年5月12日上午11点。下单之前，唐某某在网站上与民宿经营者杨某确定了用房时间和注意事项。下单后，唐某某再次与杨某确认订单无误。

2023年5月9日下午2时许，唐某某与家人按照网站公示的地址抵达民宿后，发现该民宿与网站详情页完全不符。虽然房型为三室两厅，但杨某将其打造成了两个区域（一个区域为一室一厅，一个区域为两室一厅，厨房与洗手间共用）分开提供住宿服务。其中一室一厅区域已被一对情侣租住，余下的房间并不够唐某某及其家人居住。唐某某提出退款要求，但杨某以唐某某享受了折扣价为由拒绝，称如果要退款的话，也是找网站退款。双方因此产生争议。后来唐某某与网站联系，说明情况后，网站工作人员称其只是平台

中介，并未收取房款，没有退款义务，建议唐某某与民宿经营者杨某自行协商解决。唐某某的协调申请也被网站拒绝。双方协商未果，唐某某带着家人另外找了酒店住宿；杨某也未同意唐某某提交的退款申请。

2023 年 5 月 13 日，唐某某向当地消费者协会投诉时被告知民宿所在区域有个电子商务纠纷人民调解委员会，对于唐某某与杨某及网站的纠纷，该人民调解委员会的处理应该会更加专业。于是，2023 年 5 月 14 日，唐某某向某省某市电子商务纠纷人民调解委员会（以下简称调委会）提出了调解申请，希望杨某退还订房款 1104 元，并赔偿自己因主张权利而产生的损失 1000 元。

调解过程

受理唐某某的申请后，调委会立即指定了两名调解员负责该案的调解工作。2023 年 5 月 14 日下午 4 时许，调解员根据唐某某提供的联系方式联系了民宿经营者杨某和网站负责人（作为第三人参加调解）。杨某和网站负责人均表示愿意调解，但因网站未在当地设立分公司，不能当即参与调解，故调解员将调解时间安排在 2023 年 5 月 16 日上午 9 点。

为查明案件事实，调解员于 2023 年 5 月 15 日上午到唐某某预订的民宿实地调查，进入唐某某当时预订的那套三室两厅内查看，确认唐某某所述情况属实。

2023 年 5 月 16 日，唐某某、杨某和网站委托的工作人员周某某到调解室参加调解。调解员首先向各方当事人宣读了调解规则及当事人的权利义务等事项。确认调解员不需要回避后，调解员正式切入主题，请各当事人分别陈述纠纷事实。经过对纠纷事实的归纳分析，调解员认定该案为电子商务消费纠纷，争议焦点在于杨某是否应承担违约责任以及网站是否需要承担平台责任的问题。

针对争议焦点一，调解员结合《民法典》《电子商务法》《消费者权益保护法》等相关法律的规定和案件实际情况对当事人展开说服教育。首先，调解员向当事人宣读了《民法典》第五百零九条①、第五百七十七条②的规定和《电子商务法》第七十四条③的规定，并指出民宿经营者杨某为唐某某提供的民宿与约定内容不符，不能供唐某某一行人居住，该行为已经构成违约且导致合同目的不能实现，故其应当承担违约责任，退回房款，并承担因此给唐某某造成的损失。

针对争议焦点二，调解员根据网站提供的平台与经营者之间的协议和当事人陈述，确认唐某某支付的房款是直接支付到杨某的账户，网站并未收取费用，根据合同的相对性原则，网站并无退款义务。但调解员强调，根据《电子商务法》第六十一条的规定，消费者在电子商务平台购买商品或者接受服务，与平台内经营者发生争议时，电子商务平台经营者应当积极协助消费者维护合法权益。本案中，网站接到唐某某的求助后，仅排除了自己的责任，未尽到积极协助的义务，应当纠正。

调解过程中，调解员积极促使当事人交流、沟通，厘清了纠纷发生的原因。经过调解员的耐心劝导，杨某认识到自己的错误，但一再表示造成如此状况并非其本意，因之前的消费者行程有变才导致没能及时腾出房间供唐某某一行人使用。对此，调解员先是劝杨

---

① 《民法典》第五百零九条第一款、第二款规定："当事人应当按照约定全面履行自己的义务。当事人应当遵循诚信原则，根据合同的性质、目的和交易习惯履行通知、协助、保密等义务。"

② 《民法典》第五百七十七条规定："当事人一方不履行合同义务或者履行合同义务不符合约定的，应当承担继续履行、采取补救措施或者赔偿损失等违约责任。"

③ 《电子商务法》第七十四条规定："电子商务经营者销售商品或者提供服务，不履行合同义务或者履行合同义务不符合约定，或者造成他人损害的，依法承担民事责任。"

某换位思考，对唐某某的行为表示理解，同时耐心劝解，使其明白经营者不能因其他消费者的原因就将风险转移给另一个消费者，无论如何，最终损害的都是自己的商誉。

最后，调解员在当事人互谅互让的基础上，根据实际情况提出了纠纷解决方案，建议唐某某和杨某就退款和损失赔偿事宜进行协商。经过协商，杨某当场同意了唐某某的退款申请，并答应赔偿800元人民币给唐某某，作为对其因主张权利而留在当地产生费用的补偿。网站工作人员周某某也代表公司向唐某某表达了歉意。

调解结果

唐某某、杨某、网站于调解室当场达成调解协议：

1. 杨某全额退回唐某某订房款1104元，并向唐某某支付800元作为损失赔偿费用；

2. 杨某、网站当面向唐某某及家人赔礼道歉。

该笔费用已于调解现场当场履行完毕，唐某某一家人接受了杨某及网站的道歉。

案例点评

近年来，互联网迅猛发展，电子商务纠纷亦不断增长，通过互联网人民调解委员会调解消费者与经营者之间的纠纷，既具有专业性，又高效便捷，有利于互联网产业的健康发展，也有利于经营者与消费者之间矛盾的调处。

本案中，调解员以事实为依据，以法律为准绳，从纠纷发生的时间、地点、主体、原因等入手，引导当事人平等协商，互谅互让，促进当事人沟通交流，促使当事人自愿达成了调解协议，有效解决了争议，维护了消费者的合法权益。

案例55　黄某与某服装公司互联网纠纷调解案

案情简介

2023年6月18日，黄某（住某省某市某区）通过某宝商城在某服装公司（住所地：某省某市某区）旗舰店购买女士上衣10件，共计4673元（含运费及运费险）。2023年6月19日，商家发货，次日下午3时许，黄某收到其所购上衣并签收了物流单。

2023年7月1日，黄某通过某宝APP联系该服装公司，称其收到的上衣存在质量问题，需要退货退款。服装公司工作人员请黄某将服装存在的质量问题拍照发给其看，以确定是否需要退货，并表示如确属服装存在质量问题，立马安排退换事宜。后黄某未作回复，直接提交了退货退款申请，10件上衣的退款原因均为“质量问题”，退款说明为“协商一致退货退款”。后服装公司的工作人员电话联系黄某，却也被黄某拒接。因黄某未给出可以信服的理由，也没有拍照表明确实存在质量问题，故服装公司未同意黄某的退货退款申请。

2023年7月2日，黄某通过快递将所购10件上衣寄至服装公司处，次日上午11时许，服装公司拒收，快递公司同日将其退给黄某。黄某拒绝收下该快递，将其寄存在快递公司处。

2023年7月4日，黄某以服装公司违规操作为由向某省某市某区市场监督管理局投诉。市场监督管理局了解案情后，委托某省某市互联网纠纷人民调解委员会（以下简称调委会）调处该纠纷。

调解过程

收到委托后，调委会立即指定了两名调解员处理此事，调解员分别联系了黄某和服装公司，双方均表示愿意接受调解。后调解员与黄某一起到快递公司取回了装有衣服的快递包裹。

2023 年 7 月 5 日，黄某和服装公司法定代表人王某某到调解室参加调解。调解员先依程序向当事人宣读了调解规则和当事人的权利义务；然后，黄某和王某某在调解员的主持下详细陈述了纠纷的起因、经过，并各自发表了意见。充分听取当事人陈述后，调解员结合当事人提供的证据，就纠纷的具体情况对当事人发问。经过对纠纷事实的分析，调解员认定该案系事实较为清楚、权利义务关系较为明确的互联网电子商务纠纷，双方的争议焦点在于黄某是否有权退货退款。

调解过程中，调解员仔细查看了黄某所购衣物，未发现任何质量问题。为了弄清楚黄某退回衣服的动机，调解员要求黄某再次陈述退货原因。一开始，黄某明显表现出不愿意配合的情绪，并要求终止调解，表示要通过诉讼程序解决。

对此，调解员根据相关法律法规的规定，结合案件实际情况，给出了自己的分析意见：《消费者权益保护法》第二十四条和第二十五条规定，消费者可以在两种情况下选择退货退款：第一，经营者提供的商品或者服务不符合质量要求的；第二，经营者采用网络、电视、电话、邮购等方式销售商品，消费者有权自收到商品之日起七日内无理由退货退款。本案黄某自收到商品后七日内并未申请退货退款，不符合第二种情形。现黄某以服装公司售出的上衣存在质量问题为由要求退货退款，且在未经服装公司同意的情况下擅自将所购服装邮寄至服装公司处，并要求退回购衣款。但经查证，该批上衣并不存在质量问题，黄某的要求缺乏事实和法律依据，就算通过诉讼方式维权，其主张也不一定能够获得法院支持。

从法律层面分析了利弊后，调解员又从情理出发，对双方进行劝解。经过悉心沟通，黄某认识到自己的理由站不住脚，承认部分衣物是因为自己不喜欢、部分衣服是因为尺寸不合适才需要退，希望服装公司予以谅解。服装公司得知自己的衣服不存在质量问题，坚决不同意退换。调解员又从公司的长远发展角度劝导服装公司法定代表人王某某。最后，服装公司表示，自己作为卖方的义务已经履行完毕，出于有利于公司经营之目的，对于尺码不合适的上衣，服装公司可以予以更换，运费由双方分摊；对于其他上衣，因其不存在质量问题，服装公司不同意退换。最终，双方在互谅互让的基础上自愿达成调解协议。

调解结果

黄某、某服装公司于调解室当场达成调解协议：

黄某撤回退货退款申请，服装公司为黄某所购的其中 4 件上衣换货，运费由双方平均分摊。

案例点评

本案事实清楚，当事人权利义务关系明确，调解的难点在于如何使买家黄某如实陈述其申请退货退款的动机，以获得服装公司的理解，进而更好地解决纠纷。对此，调解员先根据事实和法律对案情做出了较为详细的分析，使当事人更为深刻地理解结论背后的逻辑，能够最大限度保持理智，不至于激化矛盾，给人民法院带来诉累。

同时，如果调解员过于倾斜于消费者，强调对消费者的保护，本案中的服装公司难免会质疑调解员的中立性和调解结果的公平性，所以调解员充分尊重了服装公司的意见，最终促成了调解协议的达成，圆满化解了纠纷。

CHAPTER 3

第三章

其他纠纷（金融、保险、知识产权）

案例 56　王某与某银行金融纠纷调解案

案情简介

某日，王某突然接到一个电话，对方表示自己为支付宝某项保险服务的工作人员。打电话是为了通知王某，他的某项保险服务即将到期，以后不再上线。由于王某曾经购买过该项服务，现在需要他配合删除系统中的账户，否则当服务停止后，系统仍然会按年扣除其保险费用。听了对方的话，王某回想起自己确实曾经在该项服务做活动时购买过一次，但事后有没有取消记不清了。他担心以后会被扣钱，于是配合对方进行了一系列操作。没想到的是，他的信用卡就此被划走 13 万元。此时的王某才反应过来，自己被诈骗了，于是连忙报了警。

在王某的信用卡还款期限即将届满时，其办理信用卡的某银行向他发来了还款通知。虽然王某很着急，但诈骗案件尚未办结，被诈骗的款项至今拿不回来。而王某经济情况也比较困难，短时间内无力偿还信用卡所欠的费用。该银行多次向他发出催收短信，但王某仅偿还了 2 万元，仍有 11 万元没有还清。眼看一年过去，该银行给王某发出了“最后通牒”，表示如果一个月内他仍然无法还清欠款，就要采取法律手段。无奈之下，王某只能来到某县人民调解委员会（以下简称调委会），申请调解与该银行之间的纠纷。

调解过程

调委会在接到王某的调解申请后，为了能够尽快帮他解决纠纷，立即联系了某银行的负责人，约定了调解时间。在调解前，调解员先与王某进行了初步的沟通，询问了他的诉求。王某表示，自己愿意向银行偿还欠款，但自己的家庭情况确实困难，希望能够有其他方式来减轻他偿还欠款的压力。

几天后，在双方约定的调解时间，信用卡办卡银行委托了律师庄某来参与调解。庄律师到场后，出示了委托书，表明了自己的身份。随后，他从法律的角度分析了目前的情况，由于王某逾期时间较长，除了要返还信用卡欠款外，还应当按照办理信用卡时的约定向银行支付违约金。如果王某不能偿还欠款，银行将采取诉讼等法律途径解决问题，届时王某将要面临诉讼所带来的一系列风险，其征信也将受到影响。但庄律师同时也表示，银行愿意在平等自愿的基础上与王某进行协商，共同讨论最终的解决方案。

听了庄律师的话，王某表达了自己想要偿还的意愿，同时也讲述了自己目前的困境。王某大学毕业没几年，刚还清学校的助学贷款没多久。他刚考上大学时，父母发生了一场车祸，母亲当场去世，而父亲也在那场车祸中受伤严重，为了给父亲做手术，卖掉了家里的房子。手术后，父亲虽然保住了性命，却失去了劳动能力。王某每月的收入除了要维持自己与父亲的基本生活开销，还要支付房租与父亲后续的治疗费用。对于他来说，十几万元的欠款数额实在过于庞大，超出了他的偿还能力。

随后，王某将派出所为他出具的证明材料交给了调解员。证明材料上载明了王某被电信诈骗的具体情况，并说明了因嫌疑人账户冻结而无法返还王某被骗款项的事实。了解王某的情况后，庄律师对他表达了同情与充分的理解。同时，庄律师表示，虽然无法为王某免除借款，但可以为他制定更为宽松的还款方案。王某十分感激庄律师的体谅，并积极承诺只要还款方案在他的能力范围内，他一定会按时还款。考虑到王某的经济状况与还款能力，调解员也为还款方案的制定提出了一些建议。最终，王某与该银行达成了后续的还款协议。调解结束后，调解员还对王某进行了额外的反诈知识教育，帮助他提升了防骗反诈能力。

调解结果

王某与某银行在调解员见证下达成调解协议，内容如下：

1. 王某需向该银行支付欠款及违约金共计 11.5 万元，分 36 期支付，每期支付 3194.4 元；

2. 如被冻结资金在欠款及违约金支付完毕前返还，王某则需在取得返还资金后将剩余未还清部分一次性结清。

案例点评

本案是金融纠纷中的信用卡逾期欠款纠纷，对本案进行调解的难度主要在于一方当事人为银行，可退让的空间较小。而与此同时，另一方当事人经济困难，支付能力有限。这就要求调解员在调解时必须做到平衡当事人双方的利益，在保护双方当事人的基础上解决纠纷。在调解中，调解员同时兼顾了法理与情理，不仅维护了法理的公平与正义，还让当事人体会到了理解与关怀。

案例 57　余某与某保险公司保险合同纠纷调解案

案情简介

余某的朋友在某保险公司工作，向他推荐了本公司推出的一款医疗保险，并表示这款医疗保险正在做活动，为家人或自己购买很划算。在朋友的推荐下，余某便为正在上大学的女儿余小某购买了这款医疗保险，保险期限为两年，从 2021 年 11 月 5 日始至 2023 年 11 月 4 日止。

2023 年 9 月 20 日，余小某在下楼时，不慎脚滑从楼梯上摔下。被送往医院后，医生确认她双腿均有不同程度的骨折，如果要完全康复，需要经过多次手术。医院为余小某办理了住院手续，并安排了相应的治疗方案。最终，她先后接受了三次手术，在医院住院接受治疗的时间长达两个多月，花费了约 25 万元医疗费用。在此期间，余某与妻子忙于照顾女儿，并未发现为女儿购买的医疗保险已经到期，也就没有续交医疗保险费用。

余小某出院后，余某想起自己曾经购买的医疗保险，便联系该保险公司申请理赔。该保险公司在确认余小某受伤住院的事实后，向余某表示，其购买的医疗保险于 2023 年 11 月 4 日到期，而余小某出院的时间是 2023 年 11 月 30 日，已经超出了保险合同期限。因此，该保险公司只能向余某理赔 2023 年 9 月 20 日至 2023 年 11 月 4 日期间的医疗费用，超出期限所产生的医疗费用不予理赔。但余某认为，所有的医疗费用都是在一次受伤中产生的，应当视为一个整体进行理赔。双方对于最终的理赔款数额无法达成协议，于是，余某向某县人民调解委员会（以下简称调委会）申请了调解。

调解过程

调解员在接到调委会的指派后，着手准备对余某与该保险公司之间的纠纷进行调解。为了证明自己的主张，余某向调解员提交了自己当初与该保险公司签订的保险合同，以及余小某治疗期间所花费的各项费用的单据。调解员在查看相关资料后，向余某询问了他的具体主张。余某表示，他向保险公司要求对余小某受伤后的全部医疗费用进行整体理赔是合情合理的，并没有漫天要价。而保险公司则表示，在保险合同中有着明确约定，发生在保险期以外的保险事故一律不予理赔。虽然余小某受伤是在保险期限内，但持续的治疗超出了保险期限，对于超出保险期限后所产生的医疗费，该保险公司没有理赔的义务。

听取双方的意见后，调解员认为，余某与该保险公司产生纠纷的主要原因在于双方对于合同条款的理解存在偏差。要解决双方的矛盾，需要使双方在合同条款的理解与适用上达成共识。首先，调解员对余某表示，余小某在治疗期间所产生的医疗费，除入院时一次性缴纳的住院费外，确实有部分费用是在保险到期后才产生的，这一部分费用会尽力帮他争取，但最终还是可能无法得到理赔，请他做好心理准备。听了调解员的话，余某表示了理解，但还是希望能够争取到最大的权益。

随后，调解员又开始与该保险公司的负责人进行沟通。对于保险合同中条款的理解问题，调解员援引了《民法典》第四百九十八条的规定："对格式条款的理解发生争议的，应当按照通常理解予以解释。对格式条款有两种以上解释的，应当作出不利于提供格式条款一方的解释。格式条款和非格式条款不一致的，应当采用非格式条款。"从本条规定可以看出，当当事人对格式条款的理解发生争议时，需要对该条款进行解释。该保险公司与余某签订的保险合同中所约定的格式条款内容并不明确，既可以理解为超出保险期限的保险事故不予理赔，也可以理解为保险事故超出保险期限所产生的费用不予理赔。在这种情况下，应当按照更有利于余某的方式进行解释。也就是说，对于余小某超出保险期限后所产生的医疗费用，该保险公司是应当进行理赔的。

该保险公司表示，每一位客户在购买保险时，销售人员都会对保险合同进行解释。而余某既然同意购买保险，就代表他已经对合同条款进行了充分了解并予以接受，同样需要承担一部分责任，不同意对全部款项进行理赔。为了使双方能够顺利达成和解，调解员又对双方进行了劝说，让他们能够各退一步。最终，在调解员的周旋下，余某与该保险公司成功解决了纠纷，达成了调解协议。

调解结果

在调解员的见证下，余某与该保险公司达成调解协议，内容如下：

1. 某保险公司于两个工作日内向余某支付理赔款共计 19 万元；
2. 理赔款付清后，余某承诺不再以同一事由提起诉讼或仲裁。

案例点评

本案为保险纠纷，纠纷的焦点主要在于当事人对保险合同中格式条款的理解存在偏差。要解决当事人之间的纠纷，需要由调解员从法律的角度向当事人进行说理，再从情理的角度帮助当事人达成最终的调解结果。在本案中，调解员还运用了降低诉求的调解方法，提前降低当事人对于理赔款的心理预期，从而使当事人在调解过程中更容易作出让步，最终成功使双方当事人在理赔金额上达成和解。

案例 58　段某与梁某知识产权纠纷调解案

案情简介

段某是一名服装设计师，平时除了设计服装外，还会为布料设计专门的印花图案。某天，段某在其社交网络上发布了一组图片，展示了她设计的一款布料花纹。这款花纹耗费了她很多心力，并且已经向专利局申请了外观设计专利。

几个月后，段某在逛某线上购物平台时，发现一家布艺店所出售的布料上正印着她所设计的花纹。随后，段某与该店铺的店主进行了沟通，表示自己是该款花纹的设计人，要求其下架印有该款花纹的相关布料。该店店主为梁某，他先要求段某证明自己就是设计者，在段某给出一系列证据后，又表示这些布料是他统一从工厂进货来的，并不是他自己印的，并不知道花纹侵权，但同意将布料下架。段某得到他的承诺后，便没有深究。

半个月后，段某发现梁某再次将该款布料上架，于是找他质问。而梁某此时却表示，他原本对花纹侵权一事毫不知情，侵权的是印制花纹的厂家又不是他，如果这些布料不卖掉，那他赔进去的成本谁来承担？段某听他这么说，立即表示他出售侵权布料的行为也是违法的，并且由于他出售布料获利，还要承担赔偿责任。于是，段某要求梁某将全部侵权布料下架，并对她进行赔偿。而梁某则表现出可以下架布料，但坚决不会对她进行赔偿的态度。双方为此问题争执不下，段某来到某市某区人民调解委员会（以下简称调委会）寻求帮助。

调解过程

调委会在接到段某的调解申请后，及时安排了调解员进行对接。调解员先对段某所提交的其对布料花纹享有外观设计专利权的证据材料进行了审查，确定段某为该款花纹的专利权人。随后，调解员分别与双方取得了联系，进行了初步的沟通。在沟通过程中，调解员发现，段某与梁某在申请调解前已经经过了几次交涉，但一直无法达成协议，而在这几次交涉中，双方的情绪越来越激动，态度越来越对立。为了能够顺利开展调解工作，调解员决定采取“背对背”的调解方式，分别对两人进行劝说。

调解员认为，段某与梁某纠纷的焦点在于梁某并不认为自己的行为侵犯了段某的专利权。这代表梁某对于法律的认识较为薄弱，无法正确地理解自己应当承担的责任。于是，调解员决定从梁某入手，为他普及法律知识。调解员向梁某表示，《专利法》第十一条第二款规定：“外观设计专利权被授予后，任何单位或者个人未经专利权人许可，都不得实施其专利，即不得为生产经营目的制造、许诺销售、销售、进口其外观设计专利产品。”从本条规定来看，对于销售外观设计专利产品的行为，必须取得外观设计专利权人的同意。虽然梁某在购入该批布料时对花纹侵权一事并不知情，但他在段某已经要求他将布料下架的情况下依然坚持出售布料，其行为侵害了段某的外观设计专利权。同时，《专利法》第七十一条第一款规定：“侵犯专利权的赔偿数额按照权利人因被侵权所受到的实际损失或者侵权人因侵权所获得的利益确定；权利人的损失或者侵权人获得的利益难以确定的，参照该专利许可使用费的倍数合理确定。对故意侵犯专利权，情节严重的，可以在按照上述方法确定数额的一倍以上五倍以下确定赔偿数额。”从本条规定可知，段某要求梁某进行赔偿是完全合理合法的，有权按照梁某出售布料所获得的利润来确定赔偿数额。

听了调解员的话，梁某认识到了自己行为的违法性，承认了自己的错误，表示愿意将剩余布料下架。但是，他表示，自己做的是小本生意，本来利润就不高，布料下架后又多了一部分损失，无力承担大额赔偿，希望段某能够将要求的赔偿数额降低。随后，调解员又与段某取得了联系，向她转告了梁某的意思，并表示他已经诚恳地进行了道歉，并愿意将印有侵权花纹的所有布料下架。同时，调解员又表明了梁某的经济状况，委婉劝说段某双方各退一步，互相理解，这样才能更快地解决纠纷。梁某得知段某已经承认错误后，表示自己并不是一定要赔偿，只是必须得到一个道歉。于是她表明自己可以放弃之前提出的赔偿主张，同时要求梁某公开在网络平台进行道歉。最终，梁某接受了段某的要求，双方顺利达成和解。

调解结果

段某与梁某在调解员的主持下达成调解协议，内容如下：

1. 梁某将涉及侵权花纹的布料全部下架，不再以任何形式出售，并公开在店铺首页放置道歉公告；

2. 段某自愿放弃赔偿。

案例点评

本案为知识产权纠纷中的专利权纠纷，双方当事人产生纠纷的主要原因在于侵权一方法律意识淡薄，并未意识到自己行为的违法性。在这种情况下，调解员需要引用法律的规定，对当事人进行普法，增强当事人的法律意识，帮助当事人明确其应当履行的义务与应当承担的责任。在本案中，调解员还采取了“背对背”的调解方式，避免双方当事人正面产生冲突，使双方当事人能够情绪稳定地进行思考，从而顺利解决双方的矛盾。

4

CHAPTER

第四章

各类纠纷调解常用法律文件清单

一、婚姻家庭纠纷

《中华人民共和国民法典》

《中华人民共和国妇女权益保障法》

《中华人民共和国未成年人保护法》

《中华人民共和国老年人权益保障法》

《中华人民共和国母婴保健法》

《中华人民共和国反家庭暴力法》

《中华人民共和国家庭教育促进法》

《中华人民共和国人口与计划生育法》

《婚姻登记条例》

《最高人民法院关于适用〈中华人民共和国民法典〉总则编若干问题的解释》

《最高人民法院关于适用〈中华人民共和国民法典〉婚姻家庭编的解释（一）》

《最高人民法院关于适用〈中华人民共和国民法典〉继承编的解释（一）》

二、邻里纠纷

《中华人民共和国民法典》

《最高人民法院关于适用〈中华人民共和国民法典〉物权编的解释（一）》

《最高人民法院关于审理建筑物区分所有权纠纷案件适用法律若干问题的解释》

三、房屋宅基地纠纷

《中华人民共和国民法典》

《中华人民共和国建筑法》

《中华人民共和国土地管理法》

《中华人民共和国城市房地产管理法》

《中华人民共和国农村土地承包法》

《物业管理条例》

《廉租住房保障办法》

《商品房销售管理办法》

《最高人民法院关于审理商品房买卖合同纠纷案件适用法律若干问题的解释》

《最高人民法院关于审理建筑物区分所有权纠纷案件适用法律若干问题的解释》

四、合同纠纷

《中华人民共和国民法典》

《最高人民法院关于适用〈中华人民共和国民法典〉合同编通则若干问题的解释》

《最高人民法院关于审理买卖合同纠纷案件适用法律问题的解释》

《最高人民法院关于审理民间借贷案件适用法律若干问题的规定》

《最高人民法院关于审理商品房买卖合同纠纷案件适用法律若干问题的解释》

《最高人民法院关于审理城镇房屋租赁合同纠纷案件具体应用法律若干问题的解释》

《最高人民法院关于审理建设工程施工合同纠纷案件适用法律问题的解释（一）》

《最高人民法院关于审理技术合同纠纷案件适用法律若干问题的解释》

《最高人民法院关于审理融资租赁合同纠纷案件适用法律问题的解释》

五、生产经营纠纷

《中华人民共和国民法典》

《中华人民共和国公司法》

《中华人民共和国合伙企业法》

《中华人民共和国个人独资企业法》

《中华人民共和国反不正当竞争法》

《中华人民共和国产品质量法》

《中华人民共和国食品安全法》

《中华人民共和国商标法》

《中华人民共和国专利法》

《中华人民共和国税收征收管理法》

《中华人民共和国企业所得税法》

《中华人民共和国个人所得税法》

《中华人民共和国会计法》

《中华人民共和国票据法》

《中华人民共和国证券法》

《中华人民共和国价格法》

《中华人民共和国广告法》

《中华人民共和国安全生产法》

《中华人民共和国招标投标法》

《中华人民共和国企业破产法》

《中华人民共和国中小企业促进法》

《中华人民共和国乡镇企业法》

《中华人民共和国农民专业合作社法》

《中华人民共和国增值税暂行条例》

《促进个体工商户发展条例》

《最高人民法院关于适用〈中华人民共和国民法典〉合同编通

则若干问题的解释》

《最高人民法院关于适用〈中华人民共和国公司法〉若干问题的规定（一）》

《最高人民法院关于适用〈中华人民共和国公司法〉若干问题的规定（二）》

《最高人民法院关于适用〈中华人民共和国公司法〉若干问题的规定（三）》

《最高人民法院关于适用〈中华人民共和国公司法〉若干问题的规定（四）》

《最高人民法院关于适用〈中华人民共和国公司法〉若干问题的规定（五）》

六、损害赔偿纠纷

《中华人民共和国民法典》

《中华人民共和国妇女权益保障法》

《中华人民共和国未成年人保护法》

《中华人民共和国老年人权益保障法》

《中华人民共和国母婴保健法》

《中华人民共和国精神卫生法》

《中华人民共和国个人信息保护法》

《最高人民法院关于审理人身损害赔偿案件适用法律若干问题的解释》

《最高人民法院关于审理侵害信息网络传播权民事纠纷案件适用法律若干问题的规定》

《最高人民法院关于审理利用信息网络侵害人身权益民事纠纷案件适用法律若干问题的规定》

《最高人民法院关于确定民事侵权精神损害赔偿责任若干问题的解释》

七、山林土地纠纷

《中华人民共和国民法典》

《中华人民共和国农村土地承包法》

《中华人民共和国土地管理法》

《中华人民共和国土地管理法实施条例》

《农村土地承包合同管理办法》

《农村土地经营权流转管理办法》

八、征地拆迁纠纷

《中华人民共和国民法典》

《中华人民共和国建筑法》

《中华人民共和国土地管理法》

《中华人民共和国城市房地产管理法》

《国有土地上房屋征收与补偿条例》

《最高人民法院关于适用〈中华人民共和国民法典〉物权编的解释（一）》

《最高人民法院关于办理申请人民法院强制执行国有土地上房屋征收补偿决定案件若干问题的规定》

九、村务管理纠纷

《中华人民共和国民法典》

《中华人民共和国环境保护法》

《中华人民共和国农业法》

《中华人民共和国农村土地承包法》

《中华人民共和国农业技术推广法》

《中华人民共和国农业机械化促进法》

《农村五保供养工作条例》

《最高人民法院关于适用〈中华人民共和国民法典〉物权编的解释（一）》

十、医疗纠纷

《中华人民共和国民法典》

《中华人民共和国基本医疗卫生与健康促进法》

《中华人民共和国医师法》

《中华人民共和国药品管理法》

《中华人民共和国中医药法》

《医疗广告管理办法》

《医疗机构管理条例》

《医疗事故处理条例》

《医疗器械监督管理条例》

《医疗纠纷预防和处理条例》

《护士条例》

《最高人民法院关于审理医疗损害责任纠纷案件适用法律若干问题的解释》

《司法部、卫生部、保监会关于加强医疗纠纷人民调解工作的意见》

十一、道路交通事故纠纷

《中华人民共和国民法典》

《中华人民共和国道路交通安全法》

《中华人民共和国道路交通安全法实施条例》

《中华人民共和国道路运输条例》

《机动车交通事故责任强制保险条例》

《道路交通事故处理程序规定》

《道路交通安全违法行为处理程序规定》

《最高人民法院关于审理道路交通事故损害赔偿案件适用法律若干问题的解释》

十二、劳动纠纷

《中华人民共和国劳动法》

《中华人民共和国劳动合同法》

《中华人民共和国劳动争议调解仲裁法》

《中华人民共和国就业促进法》

《中华人民共和国工会法》

《中华人民共和国社会保险法》

《中华人民共和国职业病防治法》

《中华人民共和国安全生产法》

《中华人民共和国劳动合同法实施条例》

《女职工劳动保护特别规定》

《保障农民工工资支付条例 》

《职工带薪年休假条例》

《工伤保险条例》

《失业保险条例》

《工伤认定办法》

《工资支付暂行规定》

《部分行业企业工伤保险费缴纳办法》

《最高人民法院关于审理劳动争议案件适用法律问题的解释（一）》

十三、物业纠纷

《中华人民共和国民法典》

《物业管理条例》

《最高人民法院关于适用〈中华人民共和国民法典〉物权编的解释（一）》

《最高人民法院关于适用〈中华人民共和国民法典〉合同编通则若干问题的解释》

《最高人民法院关于审理物业服务纠纷案件适用法律若干问题

的解释》

《最高人民法院关于审理建筑物区分所有权纠纷案件适用法律若干问题的解释》

十四、环境污染纠纷

《中华人民共和国民法典》

《中华人民共和国环境保护法》

《中华人民共和国海洋环境保护法》

《中华人民共和国固体废物污染环境防治法》

《中华人民共和国噪声污染防治法》

《中华人民共和国大气污染防治法》

《中华人民共和国水污染防治法》

《中华人民共和国土壤污染防治法》

《最高人民法院关于审理生态环境侵权责任纠纷案件适用法律若干问题的解释 》

《最高人民法院关于审理生态环境侵权纠纷案件适用惩罚性赔偿的解释》

《最高人民法院关于生态环境侵权民事诉讼证据的若干规定》

十五、消费纠纷

《中华人民共和国民法典》

《中华人民共和国消费者权益保护法》

《中华人民共和国产品质量法》

《中华人民共和国食品安全法》

《 中华人民共和国消费者权益保护法实施条例》

《中华人民共和国食品安全法实施条例》

《中华人民共和国发票管理办法》

《零售商促销行为管理办法》

《部分商品修理更换退货责任规定》

《侵害消费者权益行为处罚办法》

《最高人民法院关于审理网络消费纠纷案件适用法律若干问题的规定（一）》

十六、旅游纠纷

《中华人民共和国民法典》

《中华人民共和国旅游法》

《中华人民共和国消费者权益保护法》

《中华人民共和国出境入境管理法》

《中华人民共和国进出境动植物检疫法》

《导游人员管理条例》

《旅行社条例》

《营业性演出管理条例》

《娱乐场所管理条例》

《旅馆业治安管理办法》

《导游管理办法》

《在线旅游经营服务管理暂行规定》

《文化和旅游市场信用管理规定》

《最高人民法院关于审理旅游纠纷案件适用法律若干问题的规定》

《最高人民法院关于适用〈中华人民共和国民法典〉合同编通则若干问题的解释》

十七、互联网纠纷

《中华人民共和国民法典》

《中华人民共和国网络安全法》

《中华人民共和国反电信网络诈骗法》

《中华人民共和国消费者权益保护法》

《中华人民共和国电子商务法》

《中华人民共和国电子签名法》

《中华人民共和国个人信息保护法》

《中华人民共和国产品质量法》

《中华人民共和国食品安全法》

《全国人民代表大会常务委员会关于加强网络信息保护的决定》

《中华人民共和国食品安全法实施条例》

《中华人民共和国发票管理办法》

《信息网络传播权保护条例》

《未成年人网络保护条例》

《最高人民法院关于审理网络消费纠纷案件适用法律若干问题的规定（一）》

《最高人民法院关于审理侵害信息网络传播权民事纠纷案件适用法律若干问题的规定》

《最高人民法院关于审理利用信息网络侵害人身权益民事纠纷案件适用法律若干问题的规定》

《最高人民法院关于适用〈中华人民共和国民法典〉合同编通则若干问题的解释》

十八、其他纠纷（金融、保险、知识产权）

《中华人民共和国民法典》

《中华人民共和国中国人民银行法》

《中华人民共和国商业银行法》

《中华人民共和国银行业监督管理法》

《中华人民共和国票据法》

《中华人民共和国证券法》

《中华人民共和国信托法》

《中华人民共和国证券投资基金法》

《中华人民共和国保险法》

《中华人民共和国著作权法》

《中华人民共和国专利法》

《中华人民共和国商标法》

《中华人民共和国著作权法实施条例》

《中华人民共和国专利法实施细则》

《专利代理条例》

《中华人民共和国商标法实施条例》

《最高人民法院关于适用〈中华人民共和国民法典〉合同编通则若干问题的解释》

《最高人民法院关于审理民间借贷案件适用法律若干问题的规定》

《最高人民法院关于适用〈中华人民共和国保险法〉若干问题的解释（一）》

《最高人民法院关于适用〈中华人民共和国保险法〉若干问题的解释（二）》

《最高人民法院关于适用〈中华人民共和国保险法〉若干问题的解释（三）》

《最高人民法院关于适用〈中华人民共和国保险法〉若干问题的解释（四）》

《最高人民法院关于审理著作权民事纠纷案件适用法律若干问题的解释》

《最高人民法院关于审理专利纠纷案件适用法律问题的若干规定》

《最高人民法院关于审理侵犯专利权纠纷案件应用法律若干问题的解释》

《最高人民法院关于审理侵犯专利权纠纷案件应用法律若干问题的解释（二）》

《最高人民法院关于审理商标民事纠纷案件适用法律若干问题的解释》

《最高人民法院关于审理商标案件有关管辖和法律适用范围问题的解释》

《最高人民法院关于审理涉及驰名商标保护的民事纠纷案件应用法律若干问题的解释》

《最高人民法院关于审理注册商标、企业名称与在先权利冲突的民事纠纷案件若干问题的规定》

附录：

人民调解工作相关法律法规及规范性文件

中华人民共和国人民调解法

（2010年8月28日第十一届全国人民代表大会常务委员会第十六次会议通过　2010年8月28日中华人民共和国主席令第34号公布　自2011年1月1日起施行）

第一章　总　　则

第一条　为了完善人民调解制度，规范人民调解活动，及时解决民间纠纷，维护社会和谐稳定，根据宪法，制定本法。

第二条　本法所称人民调解，是指人民调解委员会通过说服、疏导等方法，促使当事人在平等协商基础上自愿达成调解协议，解决民间纠纷的活动。

第三条　人民调解委员会调解民间纠纷，应当遵循下列原则：

（一）在当事人自愿、平等的基础上进行调解；

（二）不违背法律、法规和国家政策；

（三）尊重当事人的权利，不得因调解而阻止当事人依法通过仲裁、行政、司法等途径维护自己的权利。

第四条　人民调解委员会调解民间纠纷，不收取任何费用。

第五条　国务院司法行政部门负责指导全国的人民调解工作，县级以上地方人民政府司法行政部门负责指导本行政区域的人民调解工作。

基层人民法院对人民调解委员会调解民间纠纷进行业务指导。

第六条 国家鼓励和支持人民调解工作。县级以上地方人民政府对人民调解工作所需经费应当给予必要的支持和保障，对有突出贡献的人民调解委员会和人民调解员按照国家规定给予表彰奖励。

第二章 人民调解委员会

第七条 人民调解委员会是依法设立的调解民间纠纷的群众性组织。

第八条 村民委员会、居民委员会设立人民调解委员会。企业事业单位根据需要设立人民调解委员会。

人民调解委员会由委员三至九人组成，设主任一人，必要时，可以设副主任若干人。

人民调解委员会应当有妇女成员，多民族居住的地区应当有人数较少民族的成员。

第九条 村民委员会、居民委员会的人民调解委员会委员由村民会议或者村民代表会议、居民会议推选产生；企业事业单位设立的人民调解委员会委员由职工大会、职工代表大会或者工会组织推选产生。

人民调解委员会委员每届任期三年，可以连选连任。

第十条 县级人民政府司法行政部门应当对本行政区域内人民调解委员会的设立情况进行统计，并且将人民调解委员会以及人员组成和调整情况及时通报所在地基层人民法院。

第十一条 人民调解委员会应当建立健全各项调解工作制度，听取群众意见，接受群众监督。

第十二条 村民委员会、居民委员会和企业事业单位应当为人民调解委员会开展工作提供办公条件和必要的工作经费。

第三章　人民调解员

第十三条　人民调解员由人民调解委员会委员和人民调解委员会聘任的人员担任。

第十四条　人民调解员应当由公道正派、热心人民调解工作，并具有一定文化水平、政策水平和法律知识的成年公民担任。

县级人民政府司法行政部门应当定期对人民调解员进行业务培训。

第十五条　人民调解员在调解工作中有下列行为之一的，由其所在的人民调解委员会给予批评教育、责令改正，情节严重的，由推选或者聘任单位予以罢免或者解聘：

（一）偏袒一方当事人的；

（二）侮辱当事人的；

（三）索取、收受财物或者牟取其他不正当利益的；

（四）泄露当事人的个人隐私、商业秘密的。

第十六条　人民调解员从事调解工作，应当给予适当的误工补贴；因从事调解工作致伤致残，生活发生困难的，当地人民政府应当提供必要的医疗、生活救助；在人民调解工作岗位上牺牲的人民调解员，其配偶、子女按照国家规定享受抚恤和优待。

第四章　调解程序

第十七条　当事人可以向人民调解委员会申请调解；人民调解委员会也可以主动调解。当事人一方明确拒绝调解的，不得调解。

第十八条　基层人民法院、公安机关对适宜通过人民调解方式解决的纠纷，可以在受理前告知当事人向人民调解委员会申请调解。

第十九条 人民调解委员会根据调解纠纷的需要，可以指定一名或者数名人民调解员进行调解，也可以由当事人选择一名或者数名人民调解员进行调解。

第二十条 人民调解员根据调解纠纷的需要，在征得当事人的同意后，可以邀请当事人的亲属、邻里、同事等参与调解，也可以邀请具有专门知识、特定经验的人员或者有关社会组织的人员参与调解。

人民调解委员会支持当地公道正派、热心调解、群众认可的社会人士参与调解。

第二十一条 人民调解员调解民间纠纷，应当坚持原则，明法析理，主持公道。

调解民间纠纷，应当及时、就地进行，防止矛盾激化。

第二十二条 人民调解员根据纠纷的不同情况，可以采取多种方式调解民间纠纷，充分听取当事人的陈述，讲解有关法律、法规和国家政策，耐心疏导，在当事人平等协商、互谅互让的基础上提出纠纷解决方案，帮助当事人自愿达成调解协议。

第二十三条 当事人在人民调解活动中享有下列权利：

（一）选择或者接受人民调解员；

（二）接受调解、拒绝调解或者要求终止调解；

（三）要求调解公开进行或者不公开进行；

（四）自主表达意愿、自愿达成调解协议。

第二十四条 当事人在人民调解活动中履行下列义务：

（一）如实陈述纠纷事实；

（二）遵守调解现场秩序，尊重人民调解员；

（三）尊重对方当事人行使权利。

第二十五条 人民调解员在调解纠纷过程中，发现纠纷有可能激化的，应当采取有针对性的预防措施；对有可能引起治安案件、刑事案件的纠纷，应当及时向当地公安机关或者其他有关部门报告。

第二十六条 人民调解员调解纠纷，调解不成的，应当终止调解，并依据有关法律、法规的规定，告知当事人可以依法通过仲裁、行政、司法等途径维护自己的权利。

第二十七条 人民调解员应当记录调解情况。人民调解委员会应当建立调解工作档案，将调解登记、调解工作记录、调解协议书等材料立卷归档。

第五章 调解协议

第二十八条 经人民调解委员会调解达成调解协议的，可以制作调解协议书。当事人认为无需制作调解协议书的，可以采取口头协议方式，人民调解员应当记录协议内容。

第二十九条 调解协议书可以载明下列事项：

（一）当事人的基本情况；

（二）纠纷的主要事实、争议事项以及各方当事人的责任；

（三）当事人达成调解协议的内容，履行的方式、期限。

调解协议书自各方当事人签名、盖章或者按指印，人民调解员签名并加盖人民调解委员会印章之日起生效。调解协议书由当事人各执一份，人民调解委员会留存一份。

第三十条 口头调解协议自各方当事人达成协议之日起生效。

第三十一条 经人民调解委员会调解达成的调解协议，具有法律约束力，当事人应当按照约定履行。

人民调解委员会应当对调解协议的履行情况进行监督，督促当事人履行约定的义务。

第三十二条 经人民调解委员会调解达成调解协议后，当事人之间就调解协议的履行或者调解协议的内容发生争议的，一方当事人可以向人民法院提起诉讼。

第三十三条 经人民调解委员会调解达成调解协议后，双方当事人认为有必要的，可以自调解协议生效之日起三十日内共同向人民法院申请司法确认，人民法院应当及时对调解协议进行审查，依法确认调解协议的效力。

人民法院依法确认调解协议有效，一方当事人拒绝履行或者未全部履行的，对方当事人可以向人民法院申请强制执行。

人民法院依法确认调解协议无效的，当事人可以通过人民调解方式变更原调解协议或者达成新的调解协议，也可以向人民法院提起诉讼。

第六章 附　　则

第三十四条 乡镇、街道以及社会团体或者其他组织根据需要可以参照本法有关规定设立人民调解委员会，调解民间纠纷。

第三十五条 本法自2011年1月1日起施行。

人民调解委员会组织条例

（1989年5月5日国务院第40次常务会议通过　1989年6月17日中华人民共和国国务院令第37号发布　自发布之日起施行）

第一条 为了加强人民调解委员会的建设，及时调解民间纠纷，增进人民团结，维护社会安定，以利于社会主义现代化建设，制定本条例。

第二条 人民调解委员会是村民委员会和居民委员会下设的调解民间纠纷的群众性组织，在基层人民政府和基层人民法院指导下进行工作。

基层人民政府及其派出机关指导人民调解委员会的日常工作由司法助理员负责。

第三条 人民调解委员会由委员三至九人组成，设主任一人，必要时可以设副主任。

人民调解委员会委员除由村民委员会成员或者居民委员会成员兼任的以外由群众选举产生，每三年改选一次，可以连选连任。

多民族居住地区的人民调解委员会中，应当有人数较少的民族的成员。

人民调解委员会委员不能任职时，由原选举单位补选。

人民调解委员会委员严重失职或者违法乱纪的，由原选举单位撤换。

第四条 为人公正，联系群众，热心人民调解工作，并有一定法律知识和政策水平的成年公民，可以当选为人民调解委员会委员。

第五条 人民调解委员会的任务为调解民间纠纷，并通过调解工作宣传法律、法规、规章和政策，教育公民遵纪守法，尊重社会公德。

人民调解委员会应当向村民委员会或者居民委员会反映民间纠纷和调解工作的情况。

第六条 人民调解委员会的调解工作应当遵守以下原则：

（一）依据法律、法规、规章和政策进行调解，法律、法规、规章和政策没有明确规定的，依据社会公德进行调解；

（二）在双方当事人自愿平等的基础上进行调解；

（三）尊重当事人的诉讼权利，不得因未经调解或者调解不成而阻止当事人向人民法院起诉。

第七条 人民调解委员会根据当事人的申请及时调解纠纷；当事人没有申请的，也可以主动调解。

人民调解委员会调解纠纷可以由委员一人或数人进行；跨地区、跨单位的纠纷，可以由有关的各方调解组织共同调解。

人民调解委员会调解纠纷，可以邀请有关单位和个人参加，被邀请的单位和个人应当给予支持。

第八条 人民调解委员会调解纠纷，应当在查明事实、分清是非的基础上，充分说理，耐心疏导，消除隔阂，帮助当事人达成协议。

调解纠纷应当进行登记，制作笔录，根据需要或者当事人的请求，可以制作调解协议书。调解协议书应当有双方当事人和调解人员的签名，并加盖人民调解委员会的印章。

第九条 人民调解委员会主持下达成的调解协议，当事人应当履行。

经过调解，当事人未达成协议或者达成协议后又反悔的，任何一方可以请求基层人民政府处理，也可以向人民法院起诉。

第十条 基层人民政府对于人民调解委员会主持下达成的调解协议，符合法律、法规、规章和政策的，应当予以支持；违背法律、法规、规章和政策的，应当予以纠正。

第十一条 人民调解委员会调解民间纠纷不收费。

第十二条 人民调解委员会委员必须遵守以下纪律：

（一）不得徇私舞弊；

（二）不得对当事人压制、打击报复；

（三）不得侮辱、处罚当事人；

（四）不得泄露当事人的隐私；

（五）不得吃请受礼。

第十三条 各级人民政府对成绩显著的人民调解委员会和调解委员应当予以表彰和奖励。

第十四条 对人民调解委员会委员，根据情况可以给予适当补贴。

人民调解委员会的工作经费和调解委员的补贴经费，由村民委员会或者居民委员会解决。

第十五条 企业、事业单位根据需要设立的人民调解委员会，参照本条例执行。

第十六条 本条例由司法部负责解释。

第十七条 本条例自发布之日起施行。1954 年 3 月 22 日原中央人民政府政务院公布的《人民调解委员会暂行组织通则》同时废止。

人民调解工作若干规定

（2002 年 9 月 26 日司法部令第 75 号公布　自 2002 年 11 月 1 日起施行）

第一章　总　　则

第一条 为了规范人民调解工作，完善人民调解组织，提高人民调解质量，根据《中华人民共和国宪法》和《中华人民共和国民事诉讼法》、《人民调解委员会组织条例》等法律、法规的规定，结合人民调解工作实际，制定本规定。

第二条 人民调解委员会是调解民间纠纷的群众性组织。

人民调解员是经群众选举或者接受聘任，在人民调解委员会领导下，从事人民调解工作的人员。

人民调解委员会委员、调解员，统称人民调解员。

第三条 人民调解委员会的任务是：

（一）调解民间纠纷，防止民间纠纷激化；

（二）通过调解工作宣传法律、法规、规章和政策，教育公民遵纪守法，尊重社会公德，预防民间纠纷发生；

（三）向村民委员会、居民委员会、所在单位和基层人民政府反映民间纠纷和调解工作的情况。

第四条 人民调解委员会调解民间纠纷，应当遵守下列原则：

（一）依据法律、法规、规章和政策进行调解，法律、法规、规章和政策没有明确规定的，依据社会主义道德进行调解；

（二）在双方当事人自愿平等的基础上进行调解；

（三）尊重当事人的诉讼权利，不得因未经调解或者调解不成而阻止当事人向人民法院起诉。

第五条 根据《最高人民法院关于审理涉及人民调解协议的民事案件的若干规定》，经人民调解委员会调解达成的、有民事权利义务内容，并由双方当事人签字或者盖章的调解协议，具有民事合同性质。当事人应当按照约定履行自己的义务，不得擅自变更或者解除调解协议。

第六条 在人民调解活动中，纠纷当事人享有下列权利：

（一）自主决定接受、不接受或者终止调解；

（二）要求有关调解人员回避；

（三）不受压制强迫，表达真实意愿，提出合理要求；

（四）自愿达成调解协议。

第七条 在人民调解活动中，纠纷当事人承担下列义务：

（一）如实陈述纠纷事实，不得提供虚假证明材料；

（二）遵守调解规则；

（三）不得加剧纠纷、激化矛盾；

（四）自觉履行人民调解协议。

第八条 人民调解委员会调解民间纠纷不收费。

第九条 司法行政机关依照本办法对人民调解工作进行指导和管理。

指导和管理人民调解委员会的日常工作，由乡镇、街道司法所（科）负责。

第二章 人民调解委员会和人民调解员

第十条 人民调解委员会可以采用下列形式设立：

（一）农村村民委员会、城市（社区）居民委员会设立的人民调解委员会；

（二）乡镇、街道设立的人民调解委员会；

（三）企业事业单位根据需要设立的人民调解委员会；

（四）根据需要设立的区域性、行业性的人民调解委员会。

人民调解委员会的设立及其组成人员，应当向所在地乡镇、街道司法所（科）备案；乡镇、街道人民调解委员会的设立及其组成人员，应当向县级司法行政机关备案。

第十一条 人民调解委员会由委员三人以上组成，设主任一人，必要时可以设副主任。

多民族聚居地区的人民调解委员会中，应当有人数较少的民族的成员。

人民调解委员会中应当有妇女委员。

第十二条 村民委员会、居民委员会和企业事业单位的人民调解委员会根据需要，可以自然村、小区（楼院）、车间等为单位，设立调解小组，聘任调解员。

第十三条 乡镇、街道人民调解委员会委员由下列人员担任：

（一）本乡镇、街道辖区内设立的村民委员会、居民委员会、企业事业单位的人民调解委员会主任；

（二）本乡镇、街道的司法助理员；

（三）在本乡镇、街道辖区内居住的懂法律、有专长、热心人民调解工作的社会志愿人员。

第十四条 担任人民调解员的条件是：为人公正，联系群众，热心人民调解工作，具有一定法律、政策水平和文化水平。

乡镇、街道人民调解委员会委员应当具备高中以上文化程度。

第十五条 人民调解员除由村民委员会成员、居民委员会成员或者企业事业单位有关负责人兼任的以外，一般由本村民区、居民区或者企业事业单位的群众选举产生，也可以由村民委员会、居民委员会或者企业事业单位聘任。

乡镇、街道人民调解委员会委员由乡镇、街道司法所（科）聘任。

区域性、行业性的人民调解委员会委员，由设立该人民调解委员会的组织聘任。

第十六条 人民调解员任期三年，每三年改选或者聘任一次，可以连选连任或者续聘。

人民调解员不能履行职务时，由原选举单位或者聘任单位补选、补聘。

人民调解员严重失职或者违法乱纪的，由原选举单位或者聘任单位撤换。

第十七条 人民调解员调解纠纷，必须遵守下列纪律：

（一）不得徇私舞弊；

（二）不得对当事人压制、打击报复；

（三）不得侮辱、处罚纠纷当事人；

（四）不得泄露当事人隐私；

（五）不得吃请受礼。

第十八条 人民调解员依法履行职务，受到非法干涉、打击报复的，可以请求司法行政机关和有关部门依法予以保护。

人民调解员履行职务，应当坚持原则，爱岗敬业，热情服务，诚实守信，举止文明，廉洁自律，注重学习，不断提高法律、道德素养和调解技能。

第十九条 人民调解委员会应当建立健全岗位责任制、例会、学习、考评、业务登记、统计和档案等各项规章制度，不断加强组织、队伍和业务建设。

第三章 民间纠纷的受理

第二十条 人民调解委员会调解的民间纠纷，包括发生在公民与公民之间、公民与法人和其他社会组织之间涉及民事权利义务争议的各种纠纷。

第二十一条 民间纠纷，由纠纷当事人所在地（所在单位）或者纠纷发生地的人民调解委员会受理调解。

村民委员会、居民委员会或者企业事业单位的人民调解委员会调解不了的疑难、复杂民间纠纷和跨地区、跨单位的民间纠纷，由乡镇、街道人民调解委员会受理调解，或者由相关的人民调解委员会共同调解。

第二十二条 人民调解委员会不得受理调解下列纠纷：

（一）法律、法规规定只能由专门机关管辖处理的，或者法律、法规禁止采用民间调解方式解决的；

（二）人民法院、公安机关或者其他行政机关已经受理或者解决的。

第二十三条 人民调解委员会根据纠纷当事人的申请，受理调解纠纷；当事人没有申请的，也可以主动调解，但当事人表示异议的除外。

当事人申请调解纠纷，可以书面申请，也可以口头申请。

受理调解纠纷，应当进行登记。

第二十四条 当事人申请调解纠纷，符合条件的，人民调解委员会应当及时受理调解。

不符合受理条件的，应当告知当事人按照法律、法规规定提请有关机关处理或者向人民法院起诉；随时有可能激化的，应当在采取必要的缓解疏导措施后，及时提交有关机关处理。

第四章 民间纠纷的调解

第二十五条 人民调解委员会调解纠纷，应当指定一名人民调解员为调解主持人，根据需要可以指定若干人民调解员参加调解。

当事人对调解主持人提出回避要求的，人民调解委员会应当予以调换。

第二十六条 人民调解委员会调解纠纷，应当分别向双方当事人询问纠纷的事实和情节，了解双方的要求及其理由，根据需要向有关方面调查核实，做好调解前的准备工作。

第二十七条 人民调解委员会调解纠纷，根据需要可以邀请有关单位或者个人参加，被邀请的单位或者个人应当给予支持。

调解跨地区、跨单位的纠纷，相关人民调解委员会应当相互配合，共同做好调解工作。

第二十八条 人民调解委员会调解纠纷，一般在专门设置的调解场所进行，根据需要也可以在便利当事人的其他场所进行。

第二十九条 人民调解委员会调解纠纷，根据需要可以公开进行，允许当事人的亲属、邻里和当地（本单位）群众旁听。但是涉及当事人的隐私、商业秘密或者当事人表示反对的除外。

第三十条 人民调解委员会调解纠纷，在调解前应当以口头或者书面形式告知当事人人民调解的性质、原则和效力，以及当事人在调解活动中享有的权利和承担的义务。

第三十一条 人民调解委员会调解纠纷，应当在查明事实、分清责任的基础上，根据当事人的特点和纠纷性质、难易程度、发展变化的情况，采取灵活多样的方式方法，开展耐心、细致的说服疏导工作，促使双方当事人互谅互让，消除隔阂，引导、帮助当事人达成解决纠纷的调解协议。

第三十二条 人民调解委员会调解纠纷，应当密切注意纠纷激化的苗头，通过调解活动防止纠纷激化。

第三十三条 人民调解委员会调解纠纷，一般在一个月内调结。

第五章 人民调解协议及其履行

第三十四条 经人民调解委员会调解解决的纠纷，有民事权利义务内容的，或者当事人要求制作书面调解协议的，应当制作书面调解协议。

第三十五条 调解协议应当载明下列事项：

（一）双方当事人基本情况；

（二）纠纷简要事实、争议事项及双方责任；

（三）双方当事人的权利和义务；

（四）履行协议的方式、地点、期限；

（五）当事人签名，调解主持人签名，人民调解委员会印章。

调解协议由纠纷当事人各执一份，人民调解委员会留存一份。

第三十六条 当事人应当自觉履行调解协议。

人民调解委员会应当对调解协议的履行情况适时进行回访，并就履行情况做出记录。

第三十七条 当事人不履行调解协议或者达成协议后又反悔的，人民调解委员会应当按下列情形分别处理：

（一）当事人无正当理由不履行协议的，应当做好当事人的工作，督促其履行；

（二）如当事人提出协议内容不当，或者人民调解委员会发现协议内容不当的，应当在征得双方当事人同意后，经再次调解变更原协议内容；或者撤销原协议，达成新的调解协议；

（三）对经督促仍不履行人民调解协议的，应当告知当事人可以请求基层人民政府处理，也可以就调解协议的履行、变更、撤销向人民法院起诉。

第三十八条 对当事人因对方不履行调解协议或者达成协议后又后悔，起诉到人民法院的民事案件，原承办该纠纷调解的人民调解委员会应当配合人民法院对该案件的审判工作。

第六章 对人民调解工作的指导

第三十九条 各级司法行政机关应当采取切实措施，加强指导，不断推进本地区人民调解委员会的组织建设、队伍建设、业务建设和制度建设，规范人民调解工作，提高人民调解工作的质量和水平。

各级司法行政机关在指导工作中，应当加强与人民法院的协调和配合。

第四十条 各级司法行政机关应当采取多种形式，加强对人民调解员的培训，不断提高人民调解员队伍的素质。

第四十一条 各级司法行政机关对于成绩显著、贡献突出的人民调解委员会和人民调解员，应当定期或者适时给予表彰和奖励。

第四十二条 各级司法行政机关应当积极争取同级人民政府的支持，保障人民调解工作的指导和表彰经费；协调和督促村民委员会、居民委员会和企业事业单位，落实人民调解委员会的工作经费和人民调解员的补贴经费。

第四十三条 乡镇、街道司法所（科），司法助理员应当加强对人民调解委员会工作的指导和监督，负责解答、处理人民调解委员会或者纠纷当事人就人民调解工作有关问题的请示、咨询和投诉；应人民调解委员会的请求或者根据需要，协助、参与对具体纠纷的调解活动；对人民调解委员会主持达成的调解协议予以检查，发现违背法律、法规、规章和政策的，应当予以纠正；总结交流人民调解工作经验，调查研究民间纠纷的特点和规律，指导人民调解委员会改进工作。

第七章 附　　则

第四十四条 人民调解委员会工作所需的各种文书格式，由司法部统一制定。

第四十五条 本规定自二〇〇二年十一月一日起施行。本规定发布前，司法部制定的有关规章、规范性文件与本规定相抵触的，以本规定为准。

跨地区跨单位民间纠纷调解办法

（1994 年 5 月 9 日司法部令第 31 号公布　自公布之日起施行）

第一条　为及时调解跨地区、跨单位民间纠纷，防止纠纷激化，维护社会安定，根据《人民调解委员会组织条例》第七条的规定，制定本办法。

第二条　纠纷当事人属于不同地区、单位，或者纠纷当事人虽属于同一地区、单位，但纠纷发生在其他地区、单位的民间纠纷的调解适用本办法。

第三条　跨地区、跨单位的民间纠纷由纠纷当事人户籍所在地（居所地）、所在单位、纠纷发生地的人民调解委员会共同调解。

一个人民调解委员会能够调解的纠纷，经商有关人民调解委员会，也可以由一个人民调解委员会进行调解。

第四条　共同调解跨地区、跨单位的民间纠纷由最先受理的人民调解委员会主持调解，其他人民调解委员会协助调解。

其他人民调解委员会主持调解有利于解决纠纷的，也可由有关人民调解委员会协商确定。

第五条　共同调解民间纠纷应当按照自愿、平等、合法、公正的原则，积极促成当事人达成调解协议。

第六条　主持调解的人民调解委员会的职责：

一、受理纠纷；

二、发现纠纷有激化可能时，应采取必要措施，防止纠纷激化；

三、针对纠纷情况，开展调查研究，收集纠纷的有关材料，制定调解方案；

四、向有关人民调解委员会提出共同调解意见；

五、确定调解的时间、地点，通知纠纷当事人及有关人民调解委员会参加调解；

六、主持调解，制作调解文书；

七、敦促有关当事人履行调解协议，做好回访工作；

八、负责统计和档案材料保管。

第七条　协助调解的人民调解委员会的职责：

一、协助进行调查研究，收集纠纷的事实材料；

二、主动采取措施，防止纠纷激化；

三、配合主持调解的人民调解委员会，对当事人进行说服教育，促成当事人达成调解协议；

四、敦促当事人履行调解协议。

第八条　经过调解，当事人达成调解协议的，应当制作调解协议书。调解协议书应由当事人、调解人员签名，并加盖各有关人民调解委员会印章。

第九条　当事人未达成调解协议或达成协议后又反悔的，可以就原纠纷申请基层人民政府处理或向人民法院起诉。

第十条　本办法由司法部负责解释。

第十一条　本办法自公布之日起生效。

民间纠纷处理办法

（1990年4月19日司法部令第8号发布　自发布之日起施行）

第一章　总　　则

第一条　为妥善处理民间纠纷，保障公民的人身权利、财产权利和其他权利，维护社会安定，根据《人民调解委员会组织条例》第九条第二款、第二条第二款和第十条的规定，制定本办法。

第二条 司法助理员是基层人民政府的司法行政工作人员，具体负责处理民间纠纷的工作。

第三条 基层人民政府处理民间纠纷的范围，为《人民调解委员会组织条例》规定的民间纠纷，即公民之间有关人身、财产权益和其他日常生活中发生的纠纷。

第四条 处理民间纠纷，必须以事实为根据，以法律、法规、规章和政策为准绳，对于当事人在适用法律上一律平等。

第五条 基层人民政府处理民间纠纷，可以决定由责任一方按照《中华人民共和国民法通则》第一百三十四条第一款所列举的方式承担民事责任，但不得给予人身或者财产处罚。

第六条 基层人民政府处理民间纠纷，不得限制当事人行使诉讼权利。

第二章 受 理

第七条 当事人提请处理的民间纠纷，由当事人户籍所在地或者居所地的基层人民政府受理。跨地区的民间纠纷，由当事人双方户籍所在地或者居所地的基层人民政府协商受理。

第八条 受理民间纠纷，应当有一方或者双方当事人的申请，申请可以采用口头或者书面方式，并有明确的对方当事人和申请事项、事实根据。

第九条 一方当事人已向人民法院提起诉讼的纠纷，以及基层人民政府已经处理过、当事人没有提出新的事实和理由的纠纷，基层人民政府不予受理。

第十条 对未经人民调解委员会调解的纠纷，应当劝说当事人先通过人民调解委员会调解。

第十一条　法律、法规、规章和政策明确规定由指定部门处理的纠纷，应当告知当事人向指定部门申请处理。

第十二条　具体负责处理纠纷的司法助理员有下列情形之一的，必须自行回避，当事人也有权用口头或者书面方式申请他们回避：

（一）是本纠纷的当事人或者当事人的近亲属；

（二）与本纠纷当事人有利害关系；

（三）与本纠纷当事人有其他关系，可能影响公正处理的。

基层人民政府负责人决定司法助理员的回避，并另行指派他人负责处理纠纷。

第三章　处　　理

第十三条　处理民间纠纷，应当充分听取双方当事人的陈述，允许当事人就争议问题展开辩论，并对纠纷事实进行必要的调查。

第十四条　处理纠纷时，根据需要可以邀请有关单位和群众参加。被邀请单位和个人，应当协助做好处理纠纷工作。

跨地区的民间纠纷，由当事人双方户籍所在地或者居所地的基层人民政府协商处理。

第十五条　处理民间纠纷，应当先行调解。调解时，要查明事实，分清是非，促使当事人互谅互让，在双方当事人自愿的基础上，达成协议。

第十六条　调解达成协议的，应当制作调解书，由双方当事人、司法助理员署名并加盖基层人民政府印章。调解书自送达之日起生效，当事人应当履行。

第十七条　经过调解后，仍达不成协议的纠纷，基层人民政府可以作出处理决定。

第十八条 对于经过人民调解委员会调解过的纠纷，处理时应当先审查原调解协议书，并按下列情况处理：

（一）原调解协议书符合法律、法规、规章和政策的，作出维持原协议的处理决定；

（二）原调解协议书违背法律、法规、规章和政策的，应当予以撤销，另行作出处理决定；

（三）原调解协议书部分错误的，作出部分变更的处理决定。

第十九条 作出处理决定应当以书面形式通知双方当事人到场。一方当事人经两次通知，无正当理由拒不到场的，不影响作出处理决定。

第二十条 作出处理决定应当制作处理决定书，并经基层人民政府负责人审定、司法助理员署名后加盖基层人民政府印章。

第二十一条 基层人民政府作出的处理决定，当事人必须执行。如有异议的，可以在处理决定作出后，就原纠纷向人民法院起诉。超过15天不起诉又不执行的，基层人民政府根据当事人一方的申请，可以在其职权范围内，采取必要的措施予以执行。

第二十二条 处理民间纠纷，应当在受理后两个月内处理终结；特别复杂疑难的，可以延长一个月。

第二十三条 在纠纷处理过程中，双方当事人自行和解、申请人撤回申请或者一方当事人向人民法院提起诉讼的，应当终止处理。

第四章 附　　则

第二十四条 各省、自治区、直辖市司法厅（局）可以根据本办法制定实施细则。

第二十五条 本办法自发布之日起施行。

人民调解委员会及调解员奖励办法

（1991年7月12日司法部令第15号公布　自公布之日起施行）

第一条　为加强人民调解委员会组织建设，鼓励先进，调动调解人员的工作积极性，促进人民调解工作的开展，维护社会安定，根据《人民调解委员会组织条例》的有关规定，制定本办法。

第二条　本办法规定的奖励适用于人民调解委员会、人民调解员。

第三条　奖励必须实事求是，实行精神鼓励和物质奖励相结合，以精神鼓励为主的原则。

第四条　奖励条件

符合下列条件的人民调解委员会，给予集体奖励：

1. 组织健全，制度完善；

2. 调解纠纷和防止民间纠纷激化工作成绩显著，连续三年无因民间纠纷引起的刑事案件、自杀事件和群众性械斗；

3. 积极开展法制宣传教育、预防民间纠纷效果显著；

4. 积极向村（居）民委员会报告民间纠纷和调解工作情况，为减少纠纷发生和加强基层政权建设作出突出成绩。

符合下列条件之一的人民调解员，给予奖励：

1. 长期从事人民调解工作，勤勤恳恳，任劳任怨，全心全意为人民服务，为维护社会安定、增进人民团结作出突出贡献者；

2. 在防止民间纠纷激化工作中，积极疏导，力排隐患，临危不惧，挺身而出，舍己救人，对制止恶性案件发生或减轻危害后果作出突出贡献者；

3. 在纠纷当事人准备或正在实施自杀行为的紧急时刻，及时疏导调解，采取果断措施，避免当事人死亡的；

4. 刻苦钻研人民调解业务，认真总结人民调解工作经验，勇于改革开拓，对发展人民调解工作理论，丰富人民调解工作实践作出突出贡献者；

5. 忠实于法律、忠实于事实、忠实于人民利益，秉公办事，不徇私情、不谋私利事迹突出者；

6. 及时提供民间纠纷激化信息，为防止或减轻因民间纠纷激化引起的重大刑事案件、群众性械斗事件发生，作出较大贡献者；

7. 在维护社会安定、增进人民团结等其它方面作出重大贡献者。

第五条 奖励分为：模范人民调解委员会、模范人民调解员；优秀人民调解委员会、优秀人民调解员；先进人民调解委员会、先进人民调解员。

事迹特别突出、贡献特别大的集体或个人，给予命名表彰。

第六条 对受集体奖励者发给奖状或锦旗；对受个人奖励者发给奖状、证书和奖金。

第七条 奖励的审批权限

模范人民调解委员会和模范人民调解员以及集体和个人的命名表彰，由司法部批准。

优秀人民调解委员会和优秀人民调解员由省、自治区、直辖市司法厅（局）批准。

地（市）、县级司法局（处）表彰的统称先进人民调解委员会和先进人民调解员，分别由地（市）、县级司法局（处）批准。

第八条 凡报上一级机关批准奖励的集体或个人，呈报机关应当报送拟表彰奖励的请示报告、事迹材料和奖励审批表。

第九条 奖励工作具体事项，由各级司法行政机关基层工作部门商政工（人事）部门办理。

第十条 表彰奖励集体和个人，地（市）、县级司法局（处）每一年或两年一次，省、自治区、直辖市司法厅（局）每两年一次，司法部每四年一次。对有特殊贡献的集体和个人，可随时表彰奖励。

对在人民调解工作岗位上牺牲的调解人员，符合本办法奖励条件的，应追授奖励。

第十一条 凡发现受奖者事迹失实、隐瞒严重错误骗取荣誉的，或授予称号后犯严重错误，丧失模范作用的，由批准机关撤销其称号，并收回奖状、证书或锦旗。

第十二条 奖励经费按司法部、财政部（85）司发计财字384号《关于修订司法业务费开支范围的规定的通知》的有关规定，由批准奖励机关编造预算报同级财政部门列入调解费开支。

第十三条 按本办法受过奖励的人民调解委员会和人民调解员，仍可受各级人民政府依据《人民调解委员会组织条例》第十三条的规定给予的表彰和奖励。

第十四条 各省、自治区、直辖市司法厅（局）根据本办法可以制定实施细则，报司法部备案。

第十五条 本办法自公布之日起施行。

最高人民法院关于人民调解协议司法确认程序的若干规定

（2011 年 3 月 21 日最高人民法院审判委员会第 1515 次会议通过 2011 年 3 月 23 日最高人民法院公告公布 自 2011 年 3 月 30 日起施行 法释〔2011〕5 号）

为了规范经人民调解委员会调解达成的民事调解协议的司法确认程序，进一步建立健全诉讼与非诉讼相衔接的矛盾纠纷解决机制，依照《中华人民共和国民事诉讼法》和《中华人民共和国人民调解法》的规定，结合审判实际，制定本规定。

第一条 当事人根据《中华人民共和国人民调解法》第三十三条的规定共同向人民法院申请确认调解协议的，人民法院应当依法受理。

第二条 当事人申请确认调解协议的，由主持调解的人民调解委员会所在地基层人民法院或者它派出的法庭管辖。

人民法院在立案前委派人民调解委员会调解并达成调解协议，当事人申请司法确认的，由委派的人民法院管辖。

第三条 当事人申请确认调解协议，应当向人民法院提交司法确认申请书、调解协议和身份证明、资格证明，以及与调解协议相关的财产权利证明等证明材料，并提供双方当事人的送达地址、电话号码等联系方式。委托他人代为申请的，必须向人民法院提交由委托人签名或者盖章的授权委托书。

第四条 人民法院收到当事人司法确认申请，应当在三日内决定是否受理。人民法院决定受理的，应当编立“调确字”案号，并及时向当事人送达受理通知书。双方当事人同时到法院申请司法确认的，人民法院可以当即受理并作出是否确认的决定。

有下列情形之一的，人民法院不予受理：

（一）不属于人民法院受理民事案件的范围或者不属于接受申请的人民法院管辖的；

（二）确认身份关系的；

（三）确认收养关系的；

（四）确认婚姻关系的。

第五条 人民法院应当自受理司法确认申请之日起十五日内作出是否确认的决定。因特殊情况需要延长的，经本院院长批准，可以延长十日。

在人民法院作出是否确认的决定前，一方或者双方当事人撤回司法确认申请的，人民法院应当准许。

第六条 人民法院受理司法确认申请后，应当指定一名审判人员对调解协议进行审查。人民法院在必要时可以通知双方当事人同时到场，当面询问当事人。当事人应当向人民法院如实陈述申请确认的调解协议的有关情况，保证提交的证明材料真实、合法。人民法院在审查中，认为当事人的陈述或者提供的证明材料不充分、不完备或者有疑义的，可以要求当事人补充陈述或者补充证明材料。当事人无正当理由未按时补充或者拒不接受询问的，可以按撤回司法确认申请处理。

第七条 具有下列情形之一的，人民法院不予确认调解协议效力：

（一）违反法律、行政法规强制性规定的；

（二）侵害国家利益、社会公共利益的；

（三）侵害案外人合法权益的；

（四）损害社会公序良俗的；

（五）内容不明确，无法确认的；

（六）其他不能进行司法确认的情形。

第八条 人民法院经审查认为调解协议符合确认条件的，应当作出确认决定书；决定不予确认调解协议效力的，应当作出不予确认决定书。

第九条 人民法院依法作出确认决定后，一方当事人拒绝履行或者未全部履行的，对方当事人可以向作出确认决定的人民法院申请强制执行。

第十条 案外人认为经人民法院确认的调解协议侵害其合法权益的，可以自知道或者应当知道权益被侵害之日起一年内，向作出确认决定的人民法院申请撤销确认决定。

第十一条 人民法院办理人民调解协议司法确认案件，不收取费用。

第十二条 人民法院可以将调解协议不予确认的情况定期或者不定期通报同级司法行政机关和相关人民调解委员会。

第十三条 经人民法院建立的调解员名册中的调解员调解达成协议后，当事人申请司法确认的，参照本规定办理。人民法院立案后委托他人调解达成的协议的司法确认，按照《最高人民法院关于人民法院民事调解工作若干问题的规定》（法释〔2004〕12号）的有关规定办理。

最高人民法院、司法部关于充分发挥人民调解基础性作用　推进诉源治理的意见

（最高人民法院、司法部2023年9月27日发布　司发〔2023〕1号）

为深入贯彻落实习近平总书记关于调解工作的重要指示精神和

党中央决策部署，坚持把非诉讼纠纷解决机制挺在前面，抓前端、治未病，充分发挥人民调解在矛盾纠纷预防化解中的基础性作用，深入推进诉源治理，从源头上减少诉讼增量，提出以下意见。

一、总体要求

（一）指导思想

坚持以习近平新时代中国特色社会主义思想为指导，全面贯彻落实党的二十大精神，深入学习贯彻习近平法治思想，认真贯彻落实习近平总书记关于调解工作的重要指示精神，坚持党的领导，坚持以人民为中心，坚持和发展新时代“枫桥经验”，进一步加强人民调解工作，健全完善诉调对接工作机制，强化工作保障，推动源头预防、就地实质化解纠纷，为建设更高水平的平安中国、法治中国作出积极贡献。

（二）工作原则

坚持党的领导。坚持党对人民调解工作的全面领导，牢牢把握人民调解工作正确政治方向，确保党中央决策部署得到全面贯彻落实。

坚持人民至上。坚持人民调解为了人民、依靠人民，以维护人民群众合法权益为出发点和落脚点，为人民群众提供更加优质高效智能的调解服务。

坚持预防为主。坚持抓早抓小抓苗头，引导基层群众优先选择人民调解等非诉讼方式，夯实诉源治理，切实把矛盾纠纷解决在基层、化解在诉前。

坚持协调联动。加强资源统筹，广泛引导和发动社会各方面力量参与矛盾纠纷化解，促进矛盾纠纷有效分流、及时调处、形成合力。

坚持实质化解。不断提升调解能力，提高调解协议自动履行率，保证调解协议效力，依法维护人民调解权威，促进矛盾纠纷就地实质化解。

坚持创新发展。总结有益经验，从实际出发，不断推进工作理念、平台载体、制度机制、方式方法创新，丰富和完善人民调解制度，提高诉源治理水平。

二、夯实人民调解“第一道防线”

（一）加强矛盾纠纷排查预防。切实把矛盾纠纷排查作为一项基础性、日常性工作，采取普遍排查与重点排查、日常排查与集中排查相结合等方式，不断提高矛盾纠纷排查的针对性、有效性。加强与网格员、平安志愿者等群防群治力量和派出所、综治中心等基层维稳单位的信息共享、联排联动，做到排查全覆盖、无盲区。聚焦矛盾纠纷易发多发的重点地区、重点领域、重点人群、重点时段，开展有针对性的重点排查。围绕服务乡村振兴等国家重大战略，围绕开展重大活动、应对重大事件等，组织开展形式多样的矛盾纠纷专项排查。对排查出的矛盾纠纷风险隐患，建立工作台账，分类梳理，采取相应的防范处置措施，努力做到早发现、早报告、早控制、早解决。

（二）加强基层矛盾纠纷化解。加强乡镇（街道）、村（社区）人民调解组织规范化建设，做到依法普遍设立、人员充实、制度健全、工作规范、保障有力。完善覆盖县乡村组的人民调解组织网络，推进形式多样的个人、特色调解工作室建设，探索创设更多契合需要的新型人民调解组织。加大对婚姻家事、邻里、房屋宅基地、山林土地等基层常见多发的矛盾纠纷调解力度，坚持抓早抓小、应调尽调、法理情相结合，防止因调解不及时、不到位引发“民转刑”“刑转命”等恶性案件。对可能激化的矛盾纠纷，要在稳定事态的基础上及时报告，协助党委、政府和有关部门化解。

（三）加强重点领域矛盾纠纷化解。以社会需求为导向，对矛盾纠纷易发多发的重点领域，鼓励社会团体或其他组织依法设立行业性专业性人民调解组织。已经设立行业性专业性人民调解组织的，要在司法行政机关的指导下，全面加强规范化建设，确保中立性、公正性，防止商业化、行政化。进一步加强医疗、道路交通、劳动争议、物业等领域人民调解工作，积极向消费、旅游、金融、保险、知识产权等领域拓展。加强新业态领域矛盾纠纷化解，切实维护灵活就业和新就业形态劳动者合法权益。针对重点领域矛盾纠纷特点规律，建立完善人民调解咨询专家库，注重运用专业知识、借助专业力量化解矛盾纠纷，提高调解工作的权威性和公信力。

（四）加强重大疑难复杂矛盾纠纷化解。依托现有的公共法律服务中心，整合人民调解、律师调解、商事调解、行业调解、行政调解等力量，设立市、县两级“一站式”非诉讼纠纷化解中心（或矛盾纠纷调解中心），统筹律师、基层法律服务、公证、法律援助、司法鉴定等法律服务资源，联动仲裁、行政复议等非诉讼纠纷化解方式，合力化解市、县域范围内重大疑难复杂矛盾纠纷。

三、加强诉调对接工作

（一）加强诉前引导。在诉讼服务、法治宣传等工作中提供非诉讼纠纷解决方式指引，增强当事人及律师等法律服务工作者非诉讼纠纷解决意识。人民法院加强诉前引导，对诉至人民法院的案件，适宜通过人民调解解决的，向当事人释明人民调解的特点优势，引导当事人向属地或相关人民调解组织申请调解。经释明后当事人仍不同意调解的，及时登记立案。

（二）及时分流案件。人民法院对适宜通过人民调解方式解决的案件，在征得双方当事人同意后，可以先行在立案前委派或诉中委托人民调解。委派委托的人民调解组织，可以由当事人在司法行政机关公布的人民调解组织名册中选定，也可以由人民法院在特邀调解组织名册中指定。对基层矛盾纠纷，充分发挥村（社区）、乡镇（街道）人民调解委员会作用，及时就地予以化解。对行业专业领域矛盾纠纷，注重发挥相关行业性专业性人民调解组织优势，提升专业化解水平。鼓励非诉讼纠纷化解中心（或矛盾纠纷调解中心）与人民法院诉讼服务中心实行直接对接，统一接收人民法院委派委托调解的案件，组织、协调、督促辖区内人民调解组织开展调解。

（三）依法受理调解。人民调解组织收到委派委托调解的案件后，应当按照《中华人民共和国人民调解法》和《全国人民调解工作规范》要求及时受理调解。经调解达成协议的，人民调解组织可以制作调解协议书，督促双方当事人按约履行，并向人民法院反馈调解结果。双方当事人认为有必要的，可以共同向有管辖权的人民法院申请司法确认。经调解不能达成调解协议的，人民调解组织应当及时办理调解终结手续，将案件材料退回委派委托的人民法院。人民法院接收案件材料后，应当及时登记立案或者恢复审理。对各方当事人同意用书面形式记载的调解过程中没有争议的事实，在诉讼程序中，除涉及国家利益、社会公共利益和他人合法权益的外，当事人无需举证。

四、强化调解工作保障

（一）加强人民调解员队伍建设。注重吸纳律师、公证员、仲裁员、基层法律服务工作者、心理咨询师、医生、教师、专家学者等社会专业人士和退休政法干警以及信访、工会、妇联等部门群众工作经验丰富的退休人员担任人民调解员，不断壮大人民调解员队伍，优化人员结构。大力加强专职人民调解员队伍建设，行业性专业性人民调解委员会应当配备 3 名以上专职人民调解员，乡镇（街道）人民调解委员会和派驻有关单位和部门的人民调解工作室应当配备 2 名以上专职人民调解员，有条件的村（社区）和企（事）业单位人民调解委员会可以配备 1 名以上专职人民调解员。建立青年律师参与人民调解机制，组织青年律师特别是新入职律师到司法所、公共法律服务中心等机构锻炼，充分发挥律师精通法律的专业优势，广泛参与矛盾纠纷排查预防、基层矛盾纠纷化解、行业专业领域矛盾纠纷化解等工作，提升矛盾纠纷化解专业化水平。落实以县级司法行政机关为主的培训制度，采取集中授课、交流研讨、案例评析、现场观摩、旁听庭审、实训演练等灵活多样、生动有效的形式，加强对人民调解员的培训，不断提高人民调解员化解新形势下矛盾纠纷的能力和水平。

（二）加强经费保障。推动落实将人民调解工作指导经费、人民调解委员会补助经费、人民调解员补贴经费、专职人民调解员聘用经费、人民调解办案补贴和专家咨询费等列入同级财政预算足额保障。加强与财政部门沟通协调，建立人民调解工作经费动态增长机制，加大政府购买人民调解服务力度，用足用好中央和省级转移支付资金，补充人民调解工作经费不足。人民调解组织的设立单位和相关行业主管部门应当提供场所、设施等办公条件和必要的工作经费。探索建立相关基金会，鼓励为人民调解组织提供捐赠资助等，多渠道保障人民调解工作有效开展。

（三）强化信息化平台对接。最高人民法院与司法部建立“总对总”对接机制，司法部加快推进矛盾纠纷非诉化解平台建设，实现与最高人民法院的业务协同和数据共享，确保纠纷案件网上流转顺畅，信息数据互通共享。人民调解信息化平台依托司法部矛盾纠纷非诉化解平台，实现与最高人民法院相关系统平台的对接，开展矛盾纠纷在线咨询、在线分流、在线调解、在线反馈、在线司法确认。积极运用大数据、云计算、人工智能等信息化手段，通过信息化平台对接汇聚纠纷数据，实现对矛盾风险的动态感知、精准分析，提高预测预警预防风险的能力，为党委、政府科学研判社会矛盾纠纷形势提供参考依据。

五、加强组织领导

（一）加强协作配合。各级人民法院和司法行政机关要积极争取党委、政府对人民调解工作的重视和支持，推进诉源治理，提高人民调解工作在平安建设考核中的比重。建立民间纠纷成诉情况通报机制和重大矛盾纠纷预警双向通报机制，定期分析辖区矛盾纠纷特点，共同做好纠纷预防化解工作。加强调查研究，共同研究解决工作中遇到的困难和问题。强化工作督导，确保各项工作落实到位。

（二）加强工作指导。司法行政机关要加强对人民调解工作的全面指导，提升人民调解工作规范化水平，建立健全人民调解组织和人民调解员名册，做好依法设立的人民调解组织备案工作，完善人民调解工作考核评价标准，并将考核情况与调解员等级评定、办案补贴挂钩。人民法院要加强对人民调解委员会调解民间纠纷的业务指导，会同司法行政机关做好人民调解宣传推广和业务培训等工作，完善委派委托人民调解和人民调解协议司法确认机制，优化工作流程。

（三）加强宣传表彰。要充分运用传统媒体和网络、微信、微博等新媒体，加大对人民调解工作的宣传力度，不断扩大人民群众对人民调解的知晓度和首选率。广泛宣传人民调解组织和人民调解员的先进事迹，联合发布相关典型案例，讲好“人民调解故事”，为人民调解工作开展营造良好社会环境。采取多种形式，加大对人民调解组织和人民调解员的表彰表扬力度，增强其职业荣誉感和自豪感，激发人民调解员的工作热情。

司法部关于贯彻实施《中华人民共和国人民调解法》的意见

（2010 年 12 月 24 日　司发通〔2010〕224 号）

为贯彻实施《中华人民共和国人民调解法》（以下简称人民调解法），现就有关问题提出以下意见：

一、深入学习、宣传、贯彻人民调解法

1. 充分认识贯彻实施人民调解法的重要意义。人民调解法是我国第一部专门规范人民调解工作的法律。人民调解法的颁布实施，对于完善人民调解制度、促进人民调解工作发展，对于深入推进三项重点工作、维护社会和谐稳定，对于进一步做好群众工作、密切党群干群关系，都具有十分重要的意义。各级司法行政机关要切实增强贯彻实施人民调解法的责任感、使命感，以贯彻实施人民调解法为契机，努力开创人民调解工作新局面。

2. 广泛深入地学习宣传人民调解法。各级司法行政机关、广大人民调解组织和人民调解员要深入学习人民调解法，掌握人民调解法的立法精神和各项规定，做到准确理解法律、自觉遵守法律、正确执行法律。要按照统一规划、分级负责、分期分批实施的原则，切实组织好人民调解法学习培训工作，为贯彻实施人民调解法奠定牢固基础。要面向社会、面向群众，广泛宣传人民调解法的重要意义和主要内容，宣传人民调解制度的特色和优势，为人民调解法的贯彻实施营造良好社会氛围。

3. 全面贯彻落实人民调解法的各项要求。人民调解法内容完备、要求明确，要在人民调解工作中全面贯彻、严格执行人民调解法，确保各项规定落到实处。要坚持人民调解的本质特征和工作原则，保证人民调解工作的正确方向。要加强人民调解组织和人民调解员队伍建设，为开展人民调解工作提供强有力的组织保障。要规范人民调解程序，不断提高人民调解工作的质量。要把握人民调解的基础性地位，充分发挥人民调解在化解矛盾纠纷中的优势和作用。要切实履行司法行政机关对人民调解工作的指导职责，有力推动人民调解工作的改革发展。

二、积极推进人民调解组织队伍建设

4. 建立健全人民调解委员会。依法全面建立村（居）人民调解委员会，实现村（居）人民调解委员会全覆盖。结合企业事业单位的特点和实际，鼓励和帮助企业事业单位建立人民调解委员会。加强乡镇（街道）人民调解委员会建设，充分发挥其化解疑难、复杂矛盾纠纷的作用。积极与有关行业主管部门、社会团体和其他组织沟通协调，着重加强专业性、行业性人民调解委员会建设。

5. 健全完善人民调解组织网络。村（居）和企业事业单位人民调解委员会根据需要，可以在自然村、小区、楼院、车间等设立人民调解小组开展调解工作，也可以在机关、单位等场所设立人民调解工作室调解特定的民间纠纷。

6. 规范人民调解委员会名称。村（居）、企业事业单位、乡镇（街道）人民调解委员会名称由“所在村民委员会、居民委员会名称或者所在乡镇、街道行政区划名称或者所在企业事业单位名称”和“人民调解委员会”两部分内容依次组成。区域性、行业性、专业性人民调解委员会名称由“所在市、县或者乡镇、街道行政区划名称”、“特定区域名称或者行业、专业纠纷类型”和“人民调解委员会”三部分内容依次组成。

7. 提高人民调解员队伍素质。严格按照法定条件推选、聘任人民调解员。充分利用社会资源，吸收具有专业技能和专业知识的人员担任专兼职人民调解员。积极开展法律政策、职业道德和调解技巧的培训，不断提高人民调解员的政治素质和工作能力。

三、大力预防和化解社会矛盾纠纷

8. 全面做好人民调解工作。广泛开展经常性的矛盾纠纷排查，及时发现倾向性、苗头性问题，做到底数清、情况明。切实做好矛盾纠纷化解工作，依法及时、就地调解矛盾纠纷，做到案结事了，防止纠纷激化。认真做好矛盾纠纷预防工作，及时发现可能导致矛盾纠纷的潜在因素，尽早采取有针对性的防范措施。

9. 努力拓展人民调解工作领域。主动适应新时期社会矛盾纠纷发展变化的新趋势，在做好婚姻家庭、相邻关系、损害赔偿等常见性、多发性矛盾纠纷调解工作的同时，积极在征地拆迁、教育医疗、道路交通、劳动争议、物业管理、环境保护等领域开展人民调解工作，扩大人民调解覆盖面。

10. 着力化解重大复杂疑难民间纠纷。人民调解组织要着力化解本地区多年积累、长期未得到有效解决的矛盾纠纷，群众反映强烈、社会影响大的矛盾纠纷以及党委、政府交办的矛盾纠纷。要集中时间、集中力量，深入开展形式多样、主题鲜明的人民调解专项活动，推进人民调解工作不断深入。对于重大、复杂、疑难的矛盾纠纷，司法行政机关领导干部要加强督促指导，亲自参与调解，确保矛盾纠纷得到有效化解。

四、规范开展人民调解活动

11. 完善人民调解受理方式。当事人书面申请调解的，应当填写《人民调解申请书》；口头申请的，人民调解委员会应当填写《人民调解受理登记表》。对于排查中主动发现的、群众反映的或者有关部门移送的民间纠纷，人民调解委员会应当主动进行调解。对于不属于受理范围的纠纷，人民调解委员会应当告知当事人按照法律、法规的规定，可以请求有关部门处理或者向人民法院提起诉讼。

12. 依法开展调解活动。人民调解员调解纠纷，应当严格遵循人民调解工作的原则，主动告知当事人在调解活动中的权利义务，耐心听取当事人对纠纷事实的讲述，深入讲解法律政策和社会公德，帮助当事人认识其在纠纷中应当承担的责任和享有的权利，采取有针对性的措施防止纠纷激化。

13. 规范人民调解协议。经人民调解委员会调解达成调解协议的，可以制作《人民调解协议书》。调解协议有给付内容且非即时履行的，一般应当制作《人民调解协议书》。当事人认为无需制作调解协议书的，可以采取口头协议方式，由人民调解员填写《人民调解口头协议登记表》。

14. 督促当事人履行人民调解协议。人民调解委员会应当对人民调解协议的履行情况，适时进行回访，并填写《人民调解回访记录》。当事人无正当理由不履行人民调解协议的，应当督促其履行。发现人民调解协议内容不当的，在征得各方当事人同意后，可以再次进行调解达成新的调解协议。

五、建立健全人民调解委员会工作制度

15. 健全人民调解委员会工作制度。人民调解委员会要建立完善学习培训、社情民意分析、重大纠纷集体讨论、重大疑难纠纷报告及档案管理等制度，逐步形成有效预防和化解矛盾纠纷的人民调解工作制度体系。

16. 加强人民调解统计报送工作。要全面、及时地对人民调解工作情况进行登记和统计。人民调解员调解每一件纠纷，都应当填写《人民调解员调解案件登记单》。人民调解委员会应当按期填写《人民调解委员会调解案件汇总登记表》，及时向司法行政机关报送《人民调解组织队伍经费保障情况统计表》、《人民调解案件情况统计表》。

17. 规范人民调解卷宗。人民调解委员会调解纠纷，一般应当制作调解卷宗，做到一案一卷。调解卷宗主要包括《人民调解申请书》或者《人民调解受理登记表》、人民调解调查（调解、回访）记录、《人民调解协议书》或者《人民调解口头协议登记表》等。纠纷调解过程简单或者达成口头调解协议的，也可以多案一卷，定期集中组卷归档。

六、切实加强对人民调解工作的指导

18. 依法全面履行指导人民调解工作职责。各级司法行政机关特别是县级司法行政机关，要采取有力措施，推进人民调解组织建设、队伍建设、制度建设和保障能力建设，不断提高人民调解工作质量和水平，充分发挥人民调解在化解社会矛盾、维护社会稳定中的作用。

19. 大力开展人民调解队伍培训工作。省级、市级司法行政机关负责培训县级司法行政机关指导人民调解工作干部和司法所工作人员。县级司法行政机关组织开展本行政区域内的人民调解员培训工作，每年至少开展一次人民调解员任职培训，每三年完成一次人民调解员轮训。

20. 推动落实人民调解工作各项保障政策。各级司法行政机关应当加强与有关部门的沟通协调，解决好人民调解工作指导经费、人民调解委员会补助经费、人民调解员补贴经费；协调人民调解委员会设立单位为其提供必要的工作经费和办公条件；推动落实人民调解员的表彰奖励、困难救助、优待抚恤政策，充分调动广大人民调解员的积极性、主动性和创造性。

21. 进一步强化司法所指导人民调解工作的职能。司法所要切实履行对人民调解工作的日常指导职责，帮助有关单位和组织建立健全人民调解委员会，配齐配强人民调解员，健全完善人民调解工作制度；总结交流人民调解工作经验，指导人民调解委员会调解民间纠纷，纠正违法和不当的调解活动；维护人民调解员合法权益，协调解决人民调解委员会和人民调解员工作中的困难和问题，保障人民调解工作的顺利发展。

22. 充分发挥人民调解员协会的作用。司法行政机关要依法指导人民调解员协会开展工作，支持人民调解员协会充分履行组织会员学习、总结交流经验、开展理论研究、维护会员权益等职责，团结和带领广大人民调解员努力做好人民调解工作。

最高人民法院关于建立健全诉讼与非诉讼相衔接的矛盾纠纷解决机制的若干意见

（2009 年 7 月 24 日　法发〔2009〕45 号）

为发挥人民法院在建立健全诉讼与非诉讼相衔接的矛盾纠纷解决机制方面的积极作用，促进各种纠纷解决机制的发展，现制定以下意见。

一、明确主要目标和任务要求

1. 建立健全诉讼与非诉讼相衔接的矛盾纠纷解决机制的主要目标是：充分发挥人民法院、行政机关、社会组织、企事业单位以及其他各方面的力量，促进各种纠纷解决方式相互配合、相互协调和全面发展，做好诉讼与非诉讼渠道的相互衔接，为人民群众提供更多可供选择的纠纷解决方式，维护社会和谐稳定，促进经济社会又好又快发展。

2. 建立健全诉讼与非诉讼相衔接的矛盾纠纷解决机制的主要任务是：充分发挥审判权的规范、引导和监督作用，完善诉讼与仲裁、行政调处、人民调解、商事调解、行业调解以及其他非诉讼纠纷解决方式之间的衔接机制，推动各种纠纷解决机制的组织和程序制度建设，促使非诉讼纠纷解决方式更加便捷、灵活、高效，为矛盾纠纷解决机制的繁荣发展提供司法保障。

3. 在建立健全诉讼与非诉讼相衔接的矛盾纠纷解决机制的过程中，必须紧紧依靠党委领导，积极争取政府支持，鼓励社会各界参与，充分发挥司法的推动作用；必须充分保障当事人依法处分自己的民事权利和诉讼权利。

二、促进非诉讼纠纷解决机制的发展

4. 认真贯彻执行《中华人民共和国仲裁法》和相关司法解释，在仲裁协议效力、证据规则、仲裁程序、裁决依据、撤销裁决审查标准、不予执行裁决审查标准等方面，尊重和体现仲裁制度的特有规律，最大程度地发挥仲裁制度在纠纷解决方面的作用。对于仲裁过程中申请证据保全、财产保全的，人民法院应当依法及时办理。

5. 认真贯彻执行《中华人民共和国劳动争议调解仲裁法》和相关司法解释的规定，加强与劳动、人事争议等仲裁机构的沟通和协调，根据劳动、人事争议案件的特点采取适当的审理方式，支持和鼓励仲裁机制发挥作用。对劳动、人事争议仲裁机构不予受理或者逾期未作出决定的劳动、人事争议事项，申请人向人民法院提起诉讼的，人民法院应当依法受理。

6. 要进一步加强与农村土地承包仲裁机构的沟通和协调，妥善处理农村土地承包纠纷，努力为农村改革发展提供强有力的司法保障和法律服务。当事人对农村土地承包仲裁机构裁决不服而提起诉讼的，人民法院应当及时审理。当事人申请法院强制执行已经发生法律效力的裁决书和调解书的，人民法院应当依法及时执行。

7. 人民法院要大力支持、依法监督人民调解组织的调解工作，在审理涉及人民调解协议的民事案件时，应当适用有关法律规定。

8. 为有效化解行政管理活动中发生的各类矛盾纠纷，人民法院鼓励和支持行政机关依当事人申请或者依职权进行调解、裁决或者依法作出其他处理。调解、裁决或者依法作出的其他处理具有法律效力。当事人不服行政机关对平等主体之间民事争议所作的调解、裁决或者其他处理，以对方当事人为被告就原争议向人民法院起诉的，由人民法院作为民事案件受理。法律或司法解释明确规定作为行政案件受理的，人民法院在对行政行为进行审查时，可对其中的民事争议一并审理，并在作出行政判决的同时，依法对当事人之间的民事争议一并作出民事判决。

行政机关依法对民事纠纷进行调处后达成的有民事权利义务内容的调解协议或者作出的其他不属于可诉具体行政行为的处理，经双方当事人签字或者盖章后，具有民事合同性质，法律另有规定的除外。

9. 没有仲裁协议的当事人申请仲裁委员会对民事纠纷进行调解的，由该仲裁委员会专门设立的调解组织按照公平中立的调解规则进行调解后达成的有民事权利义务内容的调解协议，经双方当事人签字或者盖章后，具有民事合同性质。

10. 人民法院鼓励和支持行业协会、社会组织、企事业单位等建立健全调解相关纠纷的职能和机制。经商事调解组织、行业调解组织或者其他具有调解职能的组织调解后达成的具有民事权利义务内容的调解协议，经双方当事人签字或者盖章后，具有民事合同性质。

11. 经《中华人民共和国劳动争议调解仲裁法》规定的调解组织调解达成的劳动争议调解协议，由双方当事人签名或者盖章，经调解员签名并加盖调解组织印章后生效，对双方当事人具有合同约束力，当事人应当履行。双方当事人可以不经仲裁程序，根据本意见关于司法确认的规定直接向人民法院申请确认调解协议效力。人民法院不予确认的，当事人可以向劳动争议仲裁委员会申请仲裁。

12. 经行政机关、人民调解组织、商事调解组织、行业调解组织或者其他具有调解职能的组织对民事纠纷调解后达成的具有给付内容的协议，当事人可以按照《中华人民共和国公证法》的规定申请公证机关依法赋予强制执行效力。债务人不履行或者不适当履行具有强制执行效力的公证文书的，债权人可以依法向有管辖权的人民法院申请执行。

13. 对于具有合同效力和给付内容的调解协议，债权人可以根据《中华人民共和国民事诉讼法》和相关司法解释的规定向有管辖权的基层人民法院申请支付令。申请书应当写明请求给付金钱或者有价证券的数量和所根据的事实、证据，并附调解协议原件。

因支付拖欠劳动报酬、工伤医疗费、经济补偿或者赔偿金事项达成调解协议，用人单位在协议约定期限内不履行的，劳动者可以持调解协议书依法向人民法院申请支付令。

三、完善诉讼活动中多方参与的调解机制

14. 对属于人民法院受理民事诉讼的范围和受诉人民法院管辖的案件，人民法院在收到起诉状或者口头起诉之后、正式立案之前，可以依职权或者经当事人申请后，委派行政机关、人民调解组织、商事调解组织、行业调解组织或者其他具有调解职能的组织进行调解。当事人不同意调解或者在商定、指定时间内不能达成调解协议的，人民法院应当依法及时立案。

15. 经双方当事人同意，或者人民法院认为确有必要的，人民法院可以在立案后将民事案件委托行政机关、人民调解组织、商事调解组织、行业调解组织或者其他具有调解职能的组织协助进行调解。当事人可以协商选定有关机关或者组织，也可商请人民法院确定。

调解结束后，有关机关或者组织应当将调解结果告知人民法院。达成调解协议的，当事人可以申请撤诉、申请司法确认，或者由人民法院经过审查后制作调解书。调解不成的，人民法院应当及时审判。

16. 对于已经立案的民事案件，人民法院可以按照有关规定邀请符合条件的组织或者人员与审判组织共同进行调解。调解应当在人民法院的法庭或者其他办公场所进行，经当事人同意也可以在法院以外的场所进行。达成调解协议的，可以允许当事人撤诉，或者由人民法院经过审查后制作调解书。调解不成的，人民法院应当及时审判。

开庭前从事调解的法官原则上不参与同一案件的开庭审理，当事人同意的除外。

17. 有关组织调解案件时，在不违反法律、行政法规强制性规定的前提下，可以参考行业惯例、村规民约、社区公约和当地善良风俗等行为规范，引导当事人达成调解协议。

18. 在调解过程中当事人有隐瞒重要事实、提供虚假情况或者故意拖延时间等行为的，调解员可以给予警告或者终止调解，并将有关情况报告委派或委托人民法院。当事人的行为给其他当事人或者案外人造成损失的，应当承担相应的法律责任。

19. 调解过程不公开，但双方当事人要求或者同意公开调解的除外。

从事调解的机关、组织、调解员，以及负责调解事务管理的法院工作人员，不得披露调解过程的有关情况，不得在就相关案件进行的诉讼中作证，当事人不得在审判程序中将调解过程中制作的笔录、当事人为达成调解协议而作出的让步或者承诺、调解员或者当事人发表的任何意见或者建议等作为证据提出，但下列情形除外：

（一）双方当事人均同意的；

（二）法律有明确规定的；

（三）为保护国家利益、社会公共利益、案外人合法权益，人民法院认为确有必要的。

四、规范和完善司法确认程序

20. 经行政机关、人民调解组织、商事调解组织、行业调解组织或者其他具有调解职能的组织调解达成的具有民事合同性质的协议，经调解组织和调解员签字盖章后，当事人可以申请有管辖权的人民法院确认其效力。当事人请求履行调解协议、请求变更、撤销调解协议或者请求确认调解协议无效的，可以向人民法院提起诉讼。

21. 当事人可以在书面调解协议中选择当事人住所地、调解协议履行地、调解协议签订地、标的物所在地基层人民法院管辖，但不得违反法律对专属管辖的规定。当事人没有约定的，除《中华人民共和国民事诉讼法》第三十四条规定的情形外，由当事人住所地或者调解协议履行地的基层人民法院管辖。经人民法院委派或委托有关机关或者组织调解达成的调解协议的申请确认案件，由委派或委托人民法院管辖。

22. 当事人应当共同向有管辖权的人民法院以书面形式或者口头形式提出确认申请。一方当事人提出申请，另一方表示同意的，视为共同提出申请。当事人提出申请时，应当向人民法院提交调解协议书、承诺书。人民法院在收到申请后应当及时审查，材料齐备的，及时向当事人送达受理通知书。双方当事人签署的承诺书应当明确载明以下内容：

（一）双方当事人出于解决纠纷的目的自愿达成协议，没有恶意串通、规避法律的行为；

（二）如果因为该协议内容而给他人造成损害的，愿意承担相应的民事责任和其他法律责任。

23. 人民法院审理申请确认调解协议案件，参照适用《中华人民共和国民事诉讼法》有关简易程序的规定。案件由审判员一人独任审理，双方当事人应当同时到庭。人民法院应当面询问双方当事人是否理解所达成协议的内容，是否接受因此而产生的后果，是否愿意由人民法院通过司法确认程序赋予该协议强制执行的效力。

24. 有下列情形之一的，人民法院不予确认调解协议效力：

（一）违反法律、行政法规强制性规定的；

（二）侵害国家利益、社会公共利益的；

（三）侵害案外人合法权益的；

（四）涉及是否追究当事人刑事责任的；

（五）内容不明确，无法确认和执行的；

（六）调解组织、调解员强迫调解或者有其他严重违反职业道德准则的行为的；

（七）其他情形不应当确认的。

当事人在违背真实意思的情况下签订调解协议，或者调解组织、调解员与案件有利害关系、调解显失公正的，人民法院对调解协议效力不予确认，但当事人明知存在上述情形，仍坚持申请确认的除外。

25. 人民法院依法审查后，决定是否确认调解协议的效力。确认调解协议效力的决定送达双方当事人后发生法律效力，一方当事人拒绝履行的，另一方当事人可以依法申请人民法院强制执行。

五、建立健全工作机制

26. 有条件的地方人民法院可以按照一定标准建立调解组织名册和调解员名册，以便于引导当事人选择合适的调解组织或者调解员调解纠纷。人民法院可以根据具体情况及时调整调解组织名册和调解员名册。

27. 调解员应当遵守调解员职业道德准则。人民法院在办理相关案件过程中发现调解员与参与调解的案件有利害关系，可能影响其保持中立、公平调解的，或者调解员有其他违反职业道德准则的行为的，应当告知调解员回避、更换调解员、终止调解或者采取其他适当措施。除非当事人另有约定，人民法院不允许调解员在参与调解后又在就同一纠纷或者相关纠纷进行的诉讼程序中作为一方当事人的代理人。

28. 根据工作需要，人民法院指定院内有关单位或者人员负责管理协调与调解组织、调解员的沟通联络、培训指导等工作。

29. 各级人民法院应当加强与其他国家机关、社会组织、企事业单位和相关组织的联系，鼓励各种非诉讼纠纷解决机制的创新，通过适当方式参与各种非诉讼纠纷解决机制的建设，理顺诉讼与非诉讼相衔接过程中出现的各种关系，积极推动各种非诉讼纠纷解决机制的建立和完善。

30. 地方各级人民法院应当根据实际情况，制定关于调解员条件、职业道德、调解费用、诉讼费用负担、调解管理、调解指导、衔接方式等规范。高级人民法院制定的相关工作规范应当报最高人民法院备案。基层人民法院和中级人民法院制定的相关工作规范应当报高级人民法院备案。

司法部、卫生部、保监会关于加强医疗纠纷人民调解工作的意见

（2010年1月8日　司发通〔2010〕5号）

各省、自治区、直辖市司法厅（局）、卫生厅（局），新疆生产建设兵团司法局、卫生局，各保监局：

为进一步发挥新时期人民调解工作在化解医疗纠纷、和谐医患关系、促进平安医院建设、构建社会主义和谐社会中的重要作用，现就加强医疗纠纷人民调解工作提出如下意见：

一、高度重视人民调解工作的重要作用，积极构建和谐医患关系

构建和谐的医患关系，维护医患双方的合法权益，维持正常的

医疗秩序，实现病有所医，是以改善民生为重点的社会建设的重要内容，是构建社会主义和谐社会的需要。近年来，随着我国经济、社会、文化等各项事业的快速发展，人民群众不断增长的医疗服务需求与医疗服务能力、医疗保障水平的矛盾日益突出，人民群众对疾病的诊治期望与医学技术的客观局限性之间的矛盾日益突出，因医疗产生的医患纠纷呈频发态势，严重影响医疗秩序，一些地方甚至出现了因医疗纠纷引发的群体性事件，成为影响社会稳定的突出问题。贯彻“调解优先”原则，引入人民调解工作机制，充分发挥人民调解工作预防和化解矛盾纠纷的功能，积极参与医疗纠纷的化解工作，对于建立和谐的医患关系，最大限度地消除不和谐因素，最大限度地增加和谐因素，更好地维护社会稳定具有十分重要的意义。

加强医疗纠纷人民调解工作要以邓小平理论和“三个代表”重要思想为指导，深入贯彻落实科学发展观，坚持围绕中心、服务大局，发挥人民调解扎根基层、贴近群众、熟悉民情的特点和优势，坚持合理合法、平等自愿、不妨碍当事人诉讼权利的原则，及时妥善、公平公正地化解医疗纠纷，构建和谐医患关系，维护社会和谐稳定。

二、加强医疗纠纷人民调解组织建设

医疗纠纷人民调解委员会是专业性人民调解组织。各级司法行政部门、卫生行政部门要积极与公安、保监、财政、民政等相关部门沟通，指导各地建立医疗纠纷人民调解委员会，为化解医疗纠纷提供组织保障。

要积极争取党委、政府支持，建立由党委、政府领导的，司法行政部门和卫生行政部门牵头，公安、保监、财政、民政等相关部门参加的医疗纠纷人民调解工作领导小组，明确相关部门在化解医疗纠纷、维护医疗机构秩序、保障医患双方合法权益等方面的职责和任务，指导医疗纠纷人民调解委员会的工作。

医疗纠纷人民调解委员会原则上在县（市、区）设立。各地应结合本地实际，循序渐进，有计划、有步骤开展，不搞一刀切。

三、加强医疗纠纷人民调解员队伍建设

医疗纠纷人民调解委员会人员组成，要注重吸纳具有较强专业知识和较高调解技能、热心调解事业的离退休医学专家、法官、检察官、警官，以及律师、公证员、法律工作者和人民调解员。原则上每个医疗纠纷人民调解委员会至少配备 3 名以上专职人民调解员；涉及保险工作的，应有相关专业经验和能力的保险人员；要积极发挥人大代表、政协委员、社会工作者等各方面的作用，逐步建立起专兼职相结合的医疗纠纷人民调解员队伍。

要重视和加强对医疗纠纷人民调解员的培训，把医疗纠纷人民调解员培训纳入司法行政队伍培训计划，坚持统一规划、分级负责、分期分批实施，不断提高医疗纠纷人民调解员的法律知识、医学专业知识、业务技能和调解工作水平。

四、建立健全医疗纠纷人民调解委员会的保障机制

医疗纠纷人民调解委员会调解医疗纠纷不收费。其办公场所、工作经费应当由设立单位解决。经费不足的，各级司法行政部门按照财政部、司法部《关于进一步加强人民调解工作经费保障的意见》（财行〔2007〕179 号）的要求，争取补贴。鼓励医疗纠纷人民调解委员会通过吸纳社会捐赠、公益赞助等符合国家法律法规规定的渠道筹措工作经费。

各地要按照规范化人民调解委员会建设的标准，建设医疗纠纷人民调解委员会。医疗纠纷人民调解委员会的办公场所，应设置办公室、接待室、调解室、档案室等，悬挂人民调解工作标识和“医疗纠纷人民调解委员会”标牌，配备必要的办公设施。要建立健全各项规章制度，规范工作流程，并将工作制度、工作流程和人民调解委员会组成人员加以公示。

五、规范医疗纠纷人民调解委员会的业务工作

医疗纠纷人民调解委员会受理本辖区内医疗机构与患者之间的医疗纠纷。受理范围包括患者与医疗机构及其医务人员就检查、诊疗、护理等过程中发生的行为、造成的后果及原因、责任、赔偿等问题，在认识上产生分歧而引起的纠纷。

医疗纠纷人民调解委员会调解医疗纠纷应当按照国务院《人民调解委员会组织条例》、司法部《人民调解工作若干规定》的要求，采取说服、教育、疏导等方法，促使医患双方当事人消除隔阂，在平等协商、互谅互让的基础上达成调解协议。要善于根据矛盾纠纷的性质、难易程度和当事人的具体情况，充分利用便民利民的方式，因地制宜地开展调解工作，切实提高人民调解工作质量。需要进行相关鉴定以明确责任的，经双方同意，医疗纠纷人民调解委员会可以委托有法定资质的专业鉴定机构进行鉴定。调解成功的一般应当制作人民调解协议书，人民调解委员会应当督促当事人履行协议。

六、加强医疗纠纷人民调解工作的指导管理

各级司法行政部门和卫生行政部门应当加强沟通与协作，通过医疗纠纷人民调解工作领导小组加强对医疗纠纷人民调解工作的指导。要建立健全联席会议制度，定期召开会议，通报工作情况，共同研究和解决工作中遇到的困难和问题。

司法行政部门要会同卫生、保监、财政、民政等部门加强对医疗纠纷人民调解委员会的监督指导，建立医学、法学专家库，提供专业咨询指导，帮助医疗纠纷人民调解委员会做到依法、规范调解。要对医疗纠纷人民调解员的工作进行定期评估，帮助他们不断改进工作。

卫生行政部门要指导各级各类医疗机构坚持“以病人为中心”，

提高医疗质量，注重人文关怀，加强医患沟通，正确处理事前防范与事后调处的关系，通过分析典型医疗纠纷及其特点进行针对性改进，预防和减少医疗纠纷的发生。各省、自治区、直辖市卫生行政部门可根据本地实际情况，对公立医疗机构就医疗纠纷与患者自行和解的经济补偿、赔偿最高限额等予以规定。

七、进一步健全和完善医疗责任保险制度

各地要积极推进医疗责任保险工作。司法行政部门要指导医疗纠纷人民调解组织加强与卫生行政部门、保险部门的沟通，建立信息共享、互动合作的长效工作机制。各级卫生行政部门要组织公立医疗机构参加医疗责任保险，鼓励和支持其他各级各类医疗机构参加医疗责任保险。保监部门要鼓励、支持和引导保险公司积极依托医疗纠纷人民调解机制，处理涉及医疗责任保险的有关保险赔案，在医疗纠纷调解委员会主持下达成的调解协议，是医疗责任保险理赔的依据。形成医疗纠纷人民调解和保险理赔互为补充、互相促进的良好局面。

八、加大医疗纠纷人民调解工作宣传表彰力度

要引导新闻单位坚持正面宣传报道为主，大力宣传医疗卫生工作者为维护人民群众的身体健康和生命安全所作出的不懈努力和无私奉献；宣传医德高尚、医术精湛的正面典型，弘扬正气，增强医患之间的信任感；客观宣传生命科学和临床医学的特殊性、高科技性和高风险性，引导群众理性对待可能发生的医疗风险和医疗损害纠纷，优化医疗执业环境，增进社会各界对医学和医疗卫生工作的尊重、理解和支持。要加强对医疗纠纷人民调解工作的宣传，通过多种形式，借助有关媒体大力宣传医疗纠纷人民调解工作的特点、优势、方法、程序以及调解协议的效力，引导纠纷当事人尽可能地通过调解的方式解决纠纷。对于在医疗纠纷人民调解工作中表现突出的先进集体和先进个人应当予以大力表彰和宣传。

中央政法委、最高人民法院、司法部、民政部、财政部、人力资源和社会保障部关于加强人民调解员队伍建设的意见

（2018年4月27日）

为认真落实党的十九大精神，深入贯彻党的十八届四中全会关于发展人民调解员队伍的决策部署，全面贯彻实施人民调解法，现就加强人民调解员队伍建设提出如下意见。

一、充分认识加强人民调解员队伍建设的重要意义

人民调解是在继承和发扬我国民间调解优良传统基础上发展起来的一项具有中国特色的法律制度，是公共法律服务体系的重要组成部分，在矛盾纠纷多元化解机制中发挥着基础性作用。人民调解员是人民调解工作的具体承担者，肩负着化解矛盾、宣传法治、维护稳定、促进和谐的职责使命。加强人民调解员队伍建设，对于提高人民调解工作质量，充分发挥人民调解维护社会和谐稳定“第一道防线”作用，推进平安中国、法治中国建设，实现国家治理体系与治理能力现代化具有重要意义。党中央、国务院历来高度重视人民调解工作。党的十八大以来，习近平总书记多次对人民调解工作作出重要指示批示，为做好人民调解工作和加强人民调解员队伍建设指明了方向。广大人民调解员牢记使命、扎根基层、无私奉献，积极开展矛盾纠纷排查调解工作，切实把矛盾纠纷化解在基层，消除在萌芽状态，为维护社会和谐稳定、服务保障和改善民生作出了积极贡献。当前，中国特色社会主义进入新时代。社会主要矛盾已经转化为人民日益增长的美好生活需要和不平衡不充分的发展之间的矛盾。人民不仅对物质文化生活提出了更高要求，而且在民主、

法治、公平、正义、安全、环境等方面的要求日益增长。党的十九大强调，要加强预防和化解社会矛盾机制建设，正确处理人民内部矛盾。这些都对人民调解、行业专业调解和调解员队伍建设提出了新的更高要求。各地各有关部门一定要充分认识加强人民调解员队伍建设的重要性、紧迫性，切实增强责任感和使命感，采取有效措施，大力推进人民调解员队伍建设，不断提高人民调解工作水平，全力维护社会和谐稳定。

二、加强人民调解员队伍建设的指导思想和基本原则

（一）指导思想

深入贯彻落实党的十九大精神，坚持以习近平新时代中国特色社会主义思想为指导，按照“五位一体”总体布局和“四个全面”战略布局，全面贯彻实施人民调解法，优化队伍结构，着力提高素质，完善管理制度，强化工作保障，努力建设一支政治合格、熟悉业务、热心公益、公道正派、秉持中立的人民调解员队伍，为平安中国、法治中国建设作出积极贡献。

（二）基本原则

——坚持党的领导。认真贯彻落实中央关于人民调解工作的决策部署，确保人民调解员队伍建设的正确方向。

——坚持依法推动。贯彻落实人民调解法、民事诉讼法等法律规定，不断提高人民调解员队伍建设的规范化、法治化水平。

——坚持择优选聘。按照法定条件和公开公平公正的原则，吸收更多符合条件的社会人士和专业人员参与人民调解工作。

——坚持专兼结合。在积极发展兼职人民调解员队伍的同时，大力加强专职人民调解员队伍建设，不断优化人民调解员队伍结构。

——坚持分类指导。根据各地实际情况和专兼职人民调解员队伍的不同特点，完善管理制度，创新管理方式，不断提高人民调解工作质量。

三、加强人民调解员队伍建设的主要任务

（一）认真做好人民调解员选任工作

1. 严格人民调解员选任条件。人民调解员由人民调解委员会委员和人民调解委员会聘任的人员担任，既可以兼职，也可以专职。人民调解员应由公道正派、廉洁自律、热心人民调解工作，并具有一定文化水平、政策水平和法律知识的成年公民担任。乡镇（街道）人民调解委员会的调解员一般应具有高中以上学历，行业性、专业性人民调解委员会的调解员一般应具有大专以上学历，并具有相关行业、专业知识或工作经验。

2. 依法推选人民调解委员会委员。人民调解委员会委员通过推选产生。村民委员会、社区居民委员会的人民调解委员会委员由村民会议或者村民代表会议、居民会议或者居民代表会议推选产生。企业事业单位设立的人民调解委员会委员由职工大会、职工代表大会或者工会组织推选产生。乡镇（街道）人民调解委员会委员由行政区域内村（居）民委员会、有关单位、社会团体、其他组织推选产生。行业性、专业性人民调解委员会委员由有关单位、社会团体或者其他组织推选产生。人民调解委员会委员任期届满，应及时改选，可连选连任。任期届满的原人民调解委员会主任应向推选单位报告工作，听取意见。新当选的人民调解委员会委员应及时向社会公布。

3. 切实做好人民调解员聘任工作。人民调解委员会根据需要可以聘任一定数量的专兼职人民调解员，并颁发聘书。要注重从德高望重的人士中选聘基层人民调解员。要注重选聘律师、公证员、仲裁员、基层法律服务工作者、医生、教师、专家学者等社会专业人士和退休法官、检察官、民警、司法行政干警以及相关行业主管部门退休人员担任人民调解员，不断提高人民调解员的专业化水平。要积极发展专职人民调解员队伍，行业性、专业性人民调解委员会应有 3 名以上专职人民调解员，乡镇（街道）人民调解委员会应有 2 名以上专职人民调解员，有条件的村（居）和企事业单位人民调解委员会应有 1 名以上专职人民调解员，派驻有关单位和部门的人民调解工作室应有 2 名以上专职人民调解员。

（二）明确人民调解员职责任务

4. 人民调解员的职责任务。积极参与矛盾纠纷排查，对排查发现的矛盾纠纷线索，采取有针对性的措施，预防和减少矛盾纠纷的发生；认真开展矛盾纠纷调解，在充分听取当事人陈述和调查了解有关情况的基础上，通过说服、教育、规劝、疏导等方式方法，促进当事人平等协商、自愿达成调解协议，督促当事人及时履行协议约定的义务，人民调解员对当事人主动申请调解的，无正当理由不得推诿不受理；做好法治宣传教育工作，注重通过调解工作宣传法律、法规、规章和政策，教育公民遵纪守法，弘扬社会公德、职业道德和家庭美德；发现违法犯罪以及影响社会稳定和治安秩序的苗头隐患，及时报告辖区公安机关；主动向所在的人民调解委员会报告矛盾纠纷排查调解情况，认真做好纠纷登记、调解统计、案例选报和文书档案管理等工作；自觉接受司法行政部门指导和基层人民法院业务指导，严格遵守人民调解委员会制度规定，积极参加各项政治学习和业务培训；认真完成司法行政部门和人民调解委员会交办的其他工作任务。

（三）加强人民调解员思想作风建设

5. 加强思想政治建设。组织广大人民调解员认真学习宣传贯彻党的十九大精神，坚持以习近平新时代中国特色社会主义思想武装头脑、指导工作。教育引导人民调解员牢固树立政治意识、大局意识、核心意识、看齐意识，自觉在思想上政治上行动上同以习近平同志为核心的党中央保持高度一致。加强人民调解员职业道德教育，深入开展社会主义核心价值观和社会主义法治理念教育，弘扬调解文化，增强人民调解员的社会责任感和职业荣誉感。

6. 加强纪律作风建设。完善人民调解员行为规范，教育人民调解员严格遵守和执行职业道德和工作纪律，树立廉洁自律良好形象，培养优良作风。建立投诉处理机制，及时查处人民调解员违法违纪行为，不断提高群众满意度。

7. 加强党建工作。党员人民调解员应积极参加所属党支部的组织生活，加强党性修养，严守党员标准，自觉接受党内外群众的监督，发挥党员在人民调解工作中的先锋模范作用。支持具备条件的人民调解委员会单独建立党组织，落实基层党建基本制度，严格党内政治生活，突出政治功能，发挥战斗堡垒作用。

（四）加强人民调解员业务培训

8. 落实培训责任。开展人民调解员培训是司法行政部门的重要职责。要坚持分级负责、以县（市、区）为主，加大对人民调解员的培训力度。县（市、区）司法行政部门主要负责辖区内人民调解委员会主任、骨干调解员的岗前培训和年度培训，指导和组织司法所培训辖区内人民调解员；市（地、州）司法行政部门主要负责辖区内大中型企业、乡镇（街道）和行业性、专业性人民调解委员会主任、骨干调解员的岗前培训和年度培训；省（区、市）司法行政部门负责制定本地区人民调解员培训规划，组织人民调解员骨干示范培训，建立培训师资库；司法部负责组织编写培训教材，规范培训内容，开展人民调解员师资培训。司法行政部门要积极吸纳律师、公证员、司法鉴定人、专职人民调解员等作为培训师资力量，提高培训质量和水平。基层人民法院要结合审判工作实际和人民调解员队伍状况，积极吸纳人民调解委员会进入人民法院特邀调解组织名册，通过委派调解、委托调解，选任符合条件的人民调解员担任人民陪审员，加强司法确认工作等灵活多样的形式，加大对人民调解员进行业务培训的力度。

9. 丰富培训内容和形式。司法行政部门和人民调解员协会要根据本地和行业、专业领域矛盾纠纷特点设置培训课程，重点开展社会形势、法律政策、职业道德、专业知识和调解技能等方面的培训。创新培训方式和载体，采取集中授课、研讨交流、案例评析、实地考察、现场观摩、旁听庭审、实训演练等形式，提高培训的针对性、有效性。顺应“互联网+”发展趋势，建立完善人民调解员网络培训平台，推动信息技术与人民调解员培训深度融合。依托有条件的高校、培训机构开展培训工作，开发人民调解员培训课程和教材，建立完善人民调解员培训质量评估体系。

（五）加强对人民调解员的管理

10. 健全管理制度。人民调解委员会应当建立健全人民调解员聘用、学习、培训、考评、奖惩等各项管理制度，加强对人民调解员的日常管理。建立人民调解员名册制度，县（市、区）司法行政部门定期汇总人民调解员基本信息，及时向社会公开并通报人民法院，方便当事人选择和监督。建立岗位责任和绩效评价制度，完善评价指标体系。

11. 完善退出机制。人民调解员调解民间纠纷，应当坚持原则、明法析理、主持公道。对偏袒一方当事人，侮辱当事人，索取、收受财物或者牟取其他不正当利益，或泄露当事人的个人隐私、商业秘密的人民调解员，由其所在的人民调解委员会给予批评教育、责令改正；情节严重的，由推选或者聘任单位予以罢免或者解聘。对因违法违纪不适合继续从事调解工作；严重违反管理制度、怠于履行职责造成恶劣社会影响；不能胜任调解工作；因身体原因无法正常履职；自愿申请辞职的人民调解员，司法行政部门应及时督促推选或者聘任单位予以罢免或者解聘。

（六）积极动员社会力量参与人民调解工作

12. 发动社会力量广泛参与。切实发挥村（居）民小组长、楼栋长、网格员的积极作用，推动在村（居）民小组、楼栋（院落）等建立纠纷信息员队伍，帮助了解社情民意，排查发现矛盾纠纷线索隐患。发展调解志愿者队伍，积极邀请“两代表一委员”（党代表、人大代表、政协委员）、“五老人员”（老党员、老干部、老教师、老知识分子、老政法干警）、专家学者、专业技术人员、城乡社区工作者、大学生村官等参与矛盾纠纷化解。充分发挥律师、公证员、司法鉴定人、基层法律服务工作者、法律援助工作者等司法行政系统资源优势，形成化解矛盾纠纷工作合力。

13. 建立人民调解咨询专家库。县级以上司法行政部门可以根据调解纠纷需要，会同相关行业主管部门设立人民调解咨询专家库，由法学、心理学、社会工作和相关行业、专业领域的专业人员组成，相关专家负责向人民调解委员会提供专家咨询意见和调解建议。人民调解咨询专家库可以是包含多领域专业人才的区域性综合型专家库，也可以是某一特定行业、专业领域的专家库。

（七）强化对人民调解员的工作保障

14. 落实人民调解员待遇。地方财政根据当地经济社会发展水平和财力状况，适当安排人民调解员补贴经费。人民调解员补贴经费的安排和发放应考虑调解员调解纠纷的数量、质量、难易程度、社会影响大小以及调解的规范化程度。补贴标准由县级以上司法行政部门商同级财政部门确定，明令禁止兼职取酬的人员，不得领取人民调解员补贴。对财政困难地区，省级要统筹现有资金渠道，加强人民调解工作经费保障。人民调解委员会设立单位和相关行业主管部门应依法为人民调解员开展工作提供场所、设施等办公条件和必要的工作经费。省（区、市）司法行政部门或人民调解员协会应通过报纸、网络等形式，每半年或一年向社会公开人民调解经费使用情况和工作开展情况，接受社会监督。

15. 通过政府购买服务推进人民调解工作。司法行政部门应当会同有关部门做好政府购买人民调解服务工作，完善购买方式和程序，积极培育人民调解员协会、相关行业协会等社会组织，鼓励其聘请专职人民调解员，积极参与承接政府购买人民调解服务。

16. 落实人民调解员抚恤政策。司法行政部门应及时了解掌握人民调解员需要救助的情况，协调落实相关政策待遇。符合条件的人民调解员因从事调解工作致伤致残，生活发生困难的，当地人民政府应当按照有关规定提供必要的医疗、生活救助；在人民调解工作岗位上因工作原因死亡的，其配偶、子女按照国家规定享受相应的抚恤等相关待遇。探索多种资金渠道为在调解工作中因工作原因死亡、伤残的人民调解员或其亲属提供帮扶。

17. 加强对人民调解员的人身保护。人民调解员依法调解民间纠纷，受到非法干涉、打击报复或者本人及其亲属人身财产安全受到威胁的，当地司法行政部门和人民调解员协会应当会同有关部门采取措施予以保护，维护其合法权益。探索建立人民调解员人身保障机制，鼓励人民调解委员会设立单位和人民调解员协会等为人民调解员购买人身意外伤害保险等。

四、加强对人民调解员队伍建设的组织领导

（一）加强组织领导

司法行政机关负责指导人民调解工作，要把人民调解员队伍建设摆上重要位置，列入重要议事日程，切实加强指导。要主动向党委和政府汇报人民调解工作，积极争取有关部门重视和支持，着力解决人民调解员开展工作遇到的困难和问题。要完善相关制度，提高人民调解员队伍管理水平。人民调解员协会要发挥行业指导作用，积极做好对人民调解员的教育培训、典型宣传、权益维护等工作，加强对人民调解员队伍的服务和管理。

（二）落实部门职责

各有关部门要明确自身职责，加强协调配合，共同做好人民调解工作。各级政法委要将人民调解员队伍建设纳入综治工作（平安建设）考核评价体系。人民法院要通过各种形式，加强对人民调解员调解纠纷的业务指导，提高人民调解工作水平。财政部门要落实财政保障责任，会同司法行政部门确定经费保障标准，建立动态调整机制。民政部门要对符合条件的人民调解员落实相关社会救助和抚恤政策，会同人力资源社会保障部门把符合条件的人民调解员纳入社会工作专业人才培养和职业水平评价体系。各相关行业主管部门要从各方面对人民调解员开展工作提供支持和保障。

（三）加强表彰宣传

认真贯彻落实人民调解法，加大对人民调解员的表彰力度，对有突出贡献的人民调解员按照国家有关规定给予表彰奖励。要充分运用传统媒体和网络、微信、微博等新媒体，积极宣传人民调解工作典型人物和先进事迹，扩大人民调解工作社会影响力，增强广大人民调解员的职业荣誉感和自豪感，为人民调解员开展工作创造良好社会氛围。

各地要结合实际，按照本意见精神制定具体实施意见。

司法部关于进一步加强行业性、专业性人民调解工作的意见

（2014 年 9 月 30 日　司发通〔2014〕109 号）

各省、自治区、直辖市司法厅（局），新疆生产建设兵团司法局：

为全面贯彻落实党的十八大、十八届三中全会精神，深入贯彻落实习近平总书记系列重要讲话精神和对司法行政工作重要指示精

神，进一步发挥人民调解在化解行业、专业领域矛盾纠纷中的重要作用，维护社会和谐稳定，深入推进平安中国建设，现就进一步加强行业性、专业性人民调解工作提出如下意见。

一、充分认识进一步加强行业性、专业性人民调解工作的重要性和必要性

近年来，各级司法行政机关认真贯彻落实人民调解法和司法部《关于加强行业性、专业性人民调解委员会建设的意见》（司发通〔2011〕93号），大力推进行业性、专业性人民调解工作，取得了明显成效。三年多来，建立了行业性、专业性人民调解组织3万多个，人民调解员近13万人，共化解行业、专业领域矛盾纠纷300多万件，为维护社会和谐稳定作出了积极贡献。实践证明，开展行业性、专业性人民调解工作，是围绕中心、服务大局，充分发挥人民调解职能作用的重要举措，是新时期人民调解工作的创新、发展，是人民调解制度的丰富、完善。但由于行业性、专业性人民调解工作开展时间不长，还存在组织不健全、制度机制不完善、工作不规范、经费保障没有落实到位等问题，各地对此要高度重视，采取有效措施切实加以解决。

随着我国改革进入攻坚期和深水区，社会稳定进入风险期，各种矛盾纠纷多发易发，影响社会和谐稳定。特别是在医疗卫生、劳动争议、环境保护等行业、专业领域的矛盾纠纷，如果不及时化解，将会影响社会稳定。有效预防和化解行业性、专业性矛盾纠纷，事关人民群众切身利益，事关社会和谐稳定大局。进一步加强行业性、专业性人民调解工作，积极推动人民调解向这些领域延伸，依法及时化解矛盾纠纷，充分发挥人民调解在社会矛盾纠纷调解体系中的基础性作用，对于创新社会治理体系、提高社会治理能力，维护相关行业领域正常秩序、维护人民群众合法权益、维护社会和谐稳定具有重要意义。

二、进一步加强行业性、专业性人民调解工作的指导思想和基本原则

（一）指导思想。全面贯彻落实党的十八大、十八届三中全会精神，深入贯彻落实习近平总书记系列重要讲话精神和对司法行政工作重要指示精神，深入贯彻落实人民调解法，大力加强行业性、专业性人民调解组织和队伍建设，进一步加强制度化、规范化建设，积极化解行业、专业领域矛盾纠纷，切实加强对行业性、专业性人民调解工作的指导，推动人民调解工作创新发展，为维护社会和谐稳定，深化平安中国建设作出新的贡献。

（二）基本原则。行业性、专业性人民调解工作要在坚持人民调解基本原则基础上，坚持党委、政府领导，司法行政机关指导，相关部门密切配合，共同推进行业性、专业性人民调解工作深入开展。要坚持以人为本，始终把维护双方当事人合法权益作为人民调解工作的出发点和落脚点，根据双方当事人需求，提供便捷服务，维护双方合法权益；坚持实事求是、因地制宜，从化解矛盾纠纷的实际需要出发，积极推动设立行业性、专业性人民调解组织，不搞一刀切；坚持尊重科学，着眼于矛盾纠纷的行业、专业特点和规律，运用专业知识，借助专业力量，提高调解的权威性和公信力；坚持改革创新，从我国基本国情出发，大力推进工作理念、制度机制和方式方法创新，努力实现行业性、专业性人民调解工作创新发展。

三、进一步加强行业性、专业性人民调解组织和队伍建设

（一）加强组织建设。行业性、专业性人民调解委员会是在司法行政机关指导下，依法设立的调解特定行业、专业领域矛盾纠纷的群众性组织。司法行政机关要加强与有关行业主管部门协调配合，根据相关行业、专业领域矛盾纠纷情况和特点，指导人民调解协会、相关行业协会等社会团体和其他组织，设立行业性、专业性

人民调解委员会或依托现有的人民调解委员会设立人民调解工作室。当前，要重点加强医疗卫生、道路交通、劳动争议、物业管理、环境保护等行业性、专业性人民调解组织建设，进一步扩大人民调解工作覆盖面。对于本地相关行业、专业领域需要设立人民调解组织的，要主动向党委、政府汇报，与有关部门沟通协调，及时推动设立。已设立的行业性、专业性人民调解组织，要进一步巩固提高，规范组织名称和标牌、标识使用，健全各项制度，有效开展工作。对未设立行业性、专业性人民调解组织的，现有人民调解委员会应将辖区内行业性、专业性矛盾纠纷纳入调解范围。

（二）加强队伍建设。行业性、专业性人民调解委员会的调解员由设立单位或人民调解委员会聘任。根据矛盾纠纷的行业、专业特点，选聘具有相关专业背景和法学、心理学等专业知识的人员以及专家学者、法律服务工作者等为人民调解员，建立专兼结合、优势互补、结构合理的人民调解员队伍。通过政府购买服务等方式，配备专职人民调解员。行业性、专业性人民调解委员会主任一般由专职人民调解员担任。加强考核管理，及时了解掌握人民调解员的工作情况，对不胜任、不称职的人民调解员应及时指导聘任单位调整或解聘。加强人民调解员培训，把行业性、专业性人民调解委员会调解员培训纳入司法行政队伍培训规划。新任人民调解员须经司法行政机关培训合格后上岗。

（三）建立健全专家库。要根据化解矛盾纠纷需要，聘请相关行业或专业领域的专家学者组建人民调解专家库、成立专家咨询委员会等，为人民调解组织化解矛盾纠纷提供专业咨询和指导。

四、进一步加强行业性、专业性人民调解工作制度化、规范化建设

（一）建立健全工作制度。建立健全行业性、专业性人民调解纠纷受理、调解、履行、回访等内部工作制度，使调解工作各个环节都有章可循；建立健全纠纷移交、委托等衔接工作制度，及时受理、调解有关行业部门和单位移交、委托的矛盾纠纷；建立健全行业性、专业性人民调解组织与纠纷当事人所在地人民调解组织或单位之间联合调解制度，有效化解矛盾纠纷；建立健全信息反馈制度，及时向有关部门或单位反馈有关信息和意见建议。

（二）加强规范化建设。要依法规范行业性、专业性人民调解委员会设立和人员组成，确保人民调解群众性、自治性、民间性基本属性；规范人民调解员选聘、培训、岗位职责、工作纪律和研讨学习、年度考核等管理工作，提高人民调解员的政策业务水平和工作责任感；规范文书和卷宗制作，按照统一的文书格式和立卷归档要求，制作调解文书和调解卷宗，做到一案一卷；规范人民调解统计报送工作，确保统计数据真实、准确，报送及时，不断提高行业性、专业性人民调解工作规范化水平。

五、大力化解行业、专业领域矛盾纠纷

（一）依法及时调解。要坚持抓早抓小，及时了解掌握可能引发矛盾纠纷的不稳定因素，努力把矛盾纠纷化解在基层、消除在萌芽状态。对排查出的、当事人申请的和有关部门移送的矛盾纠纷，要及时受理，依法调解，通过教育疏导等方式，帮助当事人在平等协商、互谅互让的基础上自愿达成调解协议；对调解不成的，要引导当事人通过合法渠道解决。对涉及人员多、影响面广、容易激化的重大矛盾纠纷，应及时报告有关部门，并配合做好矛盾纠纷疏导化解工作，防止矛盾激化。

（二）注重运用专业知识调解。针对行业性、专业性矛盾纠纷行业特征明显、专业性强等特点，善于运用专业知识化解矛盾纠纷。对疑难复杂的矛盾纠纷，应充分听取专家咨询意见，必要时可委托具有资质的鉴定机构进行鉴定，确保矛盾纠纷得到科学公正处理。善于运用法、理、情相结合的方式开展调解工作，既讲法律政策、也重情理疏导，既解法结、又解心结，不断提高调解成功率、协议履行率和人民群众满意度。

（三）推进工作创新。创新工作理念，善于运用法治思维和法治方式化解矛盾纠纷，对合法诉求，应依法予以支持；对不合法、不合理的诉求，要做好疏导工作，引导当事人放弃于法无据、于理不符的要求，实现定纷止争、案结事了。创新工作方式方法，善于运用专业知识，借助专业力量和社会力量开展调解，充分运用现代科技手段开展工作，提高调解工作实效。创新工作机制，健全完善司法行政机关、人民调解委员会与相关部门、单位协调配合机制，形成工作合力；健全完善人民调解与行政调解、司法调解衔接配合机制，充分发挥人民调解在社会矛盾纠纷调解工作体系中的基础性作用。

六、切实加强对行业性、专业性人民调解工作指导

（一）加强组织领导。切实把加强行业性、专业性人民调解作为新形势下人民调解工作的重要任务，摆上重要议事日程，主动向党委、政府汇报工作，积极争取把行业性、专业性人民调解纳入当地深化平安建设的总体部署，制定出台加强行业性、专业性人民调解工作的配套政策，为行业性、专业性人民调解工作创造良好条件。加强与财政部门的协调，落实行业性、专业性人民调解委员会补助经费、调解员补贴经费等，并建立动态增长机制。加强与相关行业主管部门、设立单位沟通协调，定期通报情况，及时研究解决工作中存在的问题。加强与基层人民法院的协调配合，通过个案指导、依法确认和执行人民调解协议等措施，提高调解质量。

（二）加强工作指导。认真分析本地区行业、专业领域矛盾纠纷发生、发展的特点和趋势，研究制定加强行业性、专业性人民调解工作的计划和安排，落实工作责任，积极推进人民调解组织队伍、业务工作和保障能力建设。坚持分类指导，加强调查研究，及时研究解决不同行业、专业领域人民调解工作的新情况、新问题，有针对性地提出指导意见，推进工作创新发展。落实人民调解员困难救助和优待抚恤政策，解决人民调解员生活困难，维护人民调解员权益，充分调动广大人民调解员的工作积极性。

（三）加强宣传表彰。通过各种形式，大力宣传行业性、专业性人民调解工作的特点优势、取得的成效和发挥的作用，大力宣传人民调解员的先进事迹和典型案例，增强社会各界和人民群众对行业性、专业性人民调解工作的了解和支持。大力表彰行业性、专业性人民调解先进集体和先进个人，增强人民调解员的荣誉感，激励他们更加积极地做好矛盾纠纷化解工作，为维护社会和谐稳定，推进平安中国建设做出新的贡献。

司法部关于加强行业性、专业性人民调解委员会建设的意见

（2011年5月12日　司发通〔2011〕93号）

各省、自治区、直辖市司法厅（局），新疆生产建设兵团司法局、监狱局：

根据《中华人民共和国人民调解法》（以下简称人民调解法）第三十四条的规定，社会团体或者其他组织根据需要可以设立人民调解委员会，调解民间纠纷。为进一步加强行业性、专业性人民调解委员会建设，充分发挥人民调解化解矛盾纠纷、维护社会稳定的职能作用，提出如下意见。

一、充分认识加强行业性、专业性人民调解委员会建设的重要性

近年来，随着我国经济体制深刻变革、社会结构深刻变动、利

益格局深刻调整、思想观念深刻变化，各种矛盾纠纷不断增加，呈现出复杂性、多样性、专业性和面广量大的特点，特别是行业性、专业性矛盾纠纷大量上升，已经成为影响社会和谐稳定的难点、热点问题。大力加强行业性、专业性人民调解委员会建设，及时有效地化解特定行业和专业领域出现的难点、热点矛盾纠纷，对于加强和创新社会管理，维护社会和谐稳定，具有重要意义。各级司法行政机关要切实增强责任感、使命感，以贯彻实施人民调解法为契机，大力加强行业性、专业性人民调解委员会建设，完善人民调解制度，为深化三项重点工作，加强和创新社会管理，维护社会和谐稳定，促进经济平稳较快发展作出积极贡献。

二、社会团体或者其他组织设立行业性、专业性人民调解委员会的基本要求

加强行业性、专业性人民调解委员会建设，必须严格遵守人民调解法的各项规定，坚持人民调解的特点和基本属性；必须坚持在当事人自愿、平等的基础上进行调解，不违背法律、法规和国家政策，尊重当事人的权利；必须坚持围绕中心、服务大局，围绕党委、政府和广大群众关注的难点、热点问题开展工作；必须体现行业性、专业性人民调解委员会的特点，针对特定行业和专业领域的矛盾纠纷，运用专业知识，有针对性地开展矛盾纠纷预防化解工作，实现提前预防、及时化解、定分止争、案结事了；必须坚持司法行政机关的指导，确保行业性、专业性人民调解委员会的各项工作健康、规范、有序开展。行业性、专业性人民调解委员会由社会团体或者其他组织设立，由所在地的县级司法行政机关负责履行统计、培训等指导职责。

三、积极推动行业性、专业性人民调解委员会建设

司法行政机关要切实加强与有关行业管理部门、社会团体和组织联系和沟通，相互支持、相互配合，共同指导和推动行业性、专业性人民调解委员会的建立。社会团体或者其他组织可以结合相关行业和专业特点，在县级司法行政机关的指导下，设立行业性、专业性人民调解委员会，并将人民调解委员会以及人员组成及时报送所在地县级司法行政机关。行业性、专业性人民调解委员会要以方便调解为目的设立办公地点，名称由“所在市、县或者乡镇、街道行政区划名称”、“行业、专业纠纷类型”和“人民调解委员会”三部分内容依次组成。人民调解委员会在特定场所设立人民调解工作室调解特定民间纠纷的，名称由“人民调解委员会名称”、“派驻单位名称”和“人民调解工作室”三部分内容依次组成 。要在固定的调解场所内悬挂统一的人民调解工作标识，公开人民调解制度及调委会组成人员，便于当事人选择调解员调解纠纷。

四、加强专业化、社会化人民调解员队伍建设

司法行政机关要加强对人民调解员推选、聘任的指导，吸收具有较强专业知识、较高政策水平、热心调解事业的人员，从事行业性、专业性矛盾纠纷调解工作，每个行业性、专业性人民调解委员会专门从事人民调解工作的人民调解员原则上不应少于三名。要充分发挥退休法官、检察官、警官、律师、公证员等法律工作者以及相关领域专家、学者的专业优势，参与调解行业性、专业性矛盾纠纷，形成年龄知识结构合理、优势互补、专兼职相结合人民调解员队伍，实现人民调解员队伍专业化、社会化。要加强对人民调解员专业知识、法律政策知识和调解技能等培训，会同相关部门制定培训计划，坚持统一规划、分级负责、分期分批实施，共同组织好培训，不断提高人民调解员队伍整体素质，努力培养和造就一支适应化解行业性、专业性矛盾纠纷需要的高素质人民调解员队伍。

五、健全完善行业性、专业性人民调解委员会保障机制

各级司法行政机关应当会同相关部门按照人民调解法的规定和财政部、司法部《关于进一步加强人民调解工作经费保障的意见》

（财行〔2007〕179 号）的要求，积极争取党委、政府和有关部门的重视和支持，把行业性、专业性人民调解委员会工作经费纳入政府保障，全面落实人民调解工作指导经费、人民调解委员会补助经费、人民调解员补贴经费。设立行业性、专业性人民调解委员会的社会团体或者其他组织，应当为其开展工作提供办公条件和必要的工作经费 。要积极争取各级党委、政府和有关部门出台地方性法规、规章和政策，为行业性、专业性人民调解委员会开展工作提供法律或者政策保障。

六、加强行业性、专业性人民调解委员会业务建设

要根据矛盾纠纷的性质、难易程度和当事人的具体情况，充分发挥行业性、专业性人民调解委员会的职能优势，有针对性地开展调解工作。要采取说服、教育、疏导等多种方式调解纠纷，促使纠纷当事人消除隔阂，在平等协商、互谅互让的基础上达成调解协议。达成调解协议的，可以制作人民调解协议书，也可以采取口头协议方式，由人民调解委员会督促当事人履行协议；调解不成的，人民调解委员会应当及时终止调解，并引导当事人通过合法渠道解决。要建立健全学习、例会、疑难复杂纠纷讨论、考评、统计、档案管理和信息报送等制度。要按照统一的文书格式，规范卷宗档案格式，制作调解卷宗，做到一案一卷。要按照统一的统计口径，对人民调解工作情况进行登记和统计，及时向司法行政机关报送《人民调解组织队伍经费保障情况统计表》、《人民调解案件情况统计表》。

七、加强对行业性、专业性人民调解委员会建设的指导

各级司法行政机关要依法履行职责，切实加强对行业性、专业性人民调解委员会的指导。要积极争取党委、政府的重视和领导，将这项工作纳入党委、政府的工作大局。要切实加强与相关行业管理部门的协调配合，形成分工合理、相互配合、协调有序的工作机制，共同推动行业性、专业性人民调解委员会建设工作的开展。要把行业性、专业性人民调解委员会和人民调解员纳入司法行政机关的统计范围和培训计划，大力加强组织建设、队伍建设、业务建设和法制化规范化建设，努力提高人民调解工作的质量和水平。要加强调查研究，认真总结分析行业性、专业性人民调解委员会的组织特点、人员构成、工作模式和运行机制，分析不足，及时改进。要广泛宣传人民调解化解行业性、专业性矛盾纠纷的经验、做法和成效，大力表彰工作中有突出贡献的先进集体和先进个人，提高人民调解公信力，形成推进人民调解工作深入发展的良好社会环境。

图书在版编目（CIP）数据

人民调解案例解析与法律指引 /《人民调解工作法律实务丛书》编写组编. -- 北京 : 中国法制出版社, 2024. 7.(2025. 10 重印) -- (人民调解工作法律实务丛书). -- ISBN 978-7-5216-4578-1

Ⅰ. D925. 114. 5

中国国家版本馆 CIP 数据核字第 2024L21U91 号

责任编辑：周琼妮　　封面设计：杨泽江

人民调解案例解析与法律指引

RENMIN TIAOJIE ANLI JIEXI YU FALÜ ZHIYIN

编者/《人民调解工作法律实务丛书》编写组

经销/新华书店

印刷/北京虎彩文化传播有限公司

开本/880 毫米×1230 毫米　32 开　　印张/9. 375　字数/184 千

版次/2024 年 7 月第 1 版　　2025 年 10 月第 3 次印刷

中国法制出版社出版

书号 ISBN 978-7-5216-4578-1　　定价：45. 00 元

北京市西城区西便门西里甲 16 号西便门办公区

邮政编码：100053　　传真：010-63141600

网址：http：//www. zgfzs. com　　**编辑部电话：010-63141807**

市场营销部电话：010-63141612　　**总编室电话：010-63141606**

（如有印装质量问题，请与本社总编室联系。）